Daniel Höra

Braune Erde

Hase und Igel®

Für Lehrkräfte gibt es zu diesem Buch
ausführliches Begleitmaterial beim Hase und Igel Verlag.

Für meine Eltern

Dieses Buch erschien erstmals 2012 im Bloomsbury Verlag, Berlin.
Es wurde für diese Schulausgabe gemeinsam mit dem Autor überarbeitet.

© 2012 arsEdition GmbH, München

© für diese Schulausgabe
2013 Hase und Igel Verlag GmbH, München
www.hase-und-igel.de
Lektorat: Patrik Eis
Titelfoto: iStockphoto
Druck: CPI – Ebner & Spiegel, Ulm

ISBN 978-3-86760-181-8
2. Auflage 2023

Wer einen guten Nachbar hat, braucht keinen Zaun

Ich hörte ihre Schritte, ihren keuchenden Atem, ihre Versuche leise zu sein. Zwei Schatten schlichen um mein Versteck. Ich schloss die Augen und versuchte meine Angst ganz tief in meinen Kopf zu sperren. Ich wollte mir nicht ausmalen, was sie mit mir anstellen würden, wenn sie mich erwischten. Sie würden mich nicht schonen, das war mir klar. Ich wusste zu viel. Jetzt hörte ich ein Winseln, ein unterdrücktes Bellen. Sie hatten ihren verdammten Köter auf meine Spur gesetzt. Ich konnte nur hoffen, dass das Vieh ein ebenso schlechter Schnüffler wie Wachhund war. Als ganz dicht an meinem Versteck ein Ast knackte, duckte ich mich tiefer in meine Kuhle. Gleich würden sie über mich stolpern. Ich schloss die Augen in der Hoffnung, unsichtbar zu werden. Natürlich war das kindisch, ich war fünfzehn und aus diesem Alter längst raus, aber in der Not greift man eben auf altbekannte Rezepte zurück.

Der Schein einer Taschenlampe strich über mein Versteck. Ich hörte den hechelnden Hund, gleich ... Da ertönte ein lauter Pfiff, eine entfernte Stimme rief einen scharfen Befehl und die Schritte entfernten sich. Anscheinend vermuteten sie mich in einer anderen Ecke des Waldes. Ich atmete tief durch.

Dabei war es nur eine Frage der Zeit, bis sie mich erwischen würden. Bilder tanzten vor meinen Augen, als wäre meine Fantasie von der Leine gelassen worden. Ich konnte keinen klaren Gedanken fassen, keinen Plan machen, wohin ich gehen sollte. Was hätte es mir auch genutzt? Ich konnte nirgendwohin. Alle Menschen, die ich kannte, lebten in diesem Dorf. Meine Familie, meine Freunde. Und weit und breit war niemand, den ich um Hilfe bitten konnte. Ich hatte keine Beweise, keine Zeugen, ich war nur ein dummer Junge, dem niemand glaubte.

Was war bloß passiert seit ihrer Ankunft vor sieben Monaten?

Unser Dorf liegt wie ein achtlos ausgespuckter Kirschkern im lehmigen Boden des Mecklenburgischen Landes. Ein Dorf, wie es sie Dutzende in der Gegend gibt. Etwas fernab der größeren Städte und der Fernstraßen. Ein bisschen sich selbst überlassen, wie ein ungeliebter, abgeschobener Verwandter. Sonst war alles normal. Außer, dass alle Erwachsenen auf etwas zu warten schienen. Worauf? Auf ein besseres Leben, würde ich sagen. Da lag so etwas in der Luft und bei jedem Gespräch schwang die heimliche Frage mit: Na, wann packst du deine Sachen?

Doch niemand tat es: Alle hatten Familie und Häuser und waren wie alte Bäume fest in der Erde verwurzelt. Viele hatten zu DDR-Zeiten in der Landwirtschaft gearbeitet. Doch nachdem ihre Betriebe ein paar Jahre nach der Wende geschlossen hatten und sie auf der Straße standen, wurden sie von der Arbeitsagentur in Umschulungen gesteckt, nur um anschließend wieder arbeitslos zu werden. Wer brauchte auch schon Unmengen an Busfahrern? Ich hatte den Eindruck, dass jeder zweite bei uns zum Busfahrer ausgebildet worden war. „Bütenow – Das Dorf der Busfahrer." Das hätten wir aufs Ortsschild schreiben sollen, vielleicht wären dann Touristen gekommen.

Aber es kamen ganz andere: Fremde! Eine Frau, zwei Männer und drei Jugendliche. Kurz vor Ende der Sommerferien tauchten sie auf, standen direkt vor unserem Haus und blickten suchend in die Fenster. Ich machte Tante Jeske auf die Neuankömmlinge aufmerksam, die daraufhin ihre Brille aufsetzte und hinaussah.

„Was wollen die denn hier?", fragte sie aufgeregt.

Die Autos der Neuankömmlinge waren bis oben hin mit Koffern, Taschen und Seesäcken vollgeladen.

„Wollen die hier Urlaub machen?", fragte Tante Jeske überrascht und sah mich an. Zwar gab es bei uns ein paar Leute, die Fremdenzimmer vermieteten, darunter auch meine Tante, doch es kamen kaum Urlauber. Was sollten die auch hier? Das Meer war zu weit weg und bei uns auf dem Land gab es nicht viel Abwechslung. Hin und wieder kamen Vogel-Fans, die im Morgengrauen mit Ferngläsern bewaffnet über die Felder pirschten und Kampfläufer und Seidenschwänze beobachteten. Aber in den letzten Jahren waren immer weniger Vögel aus dem Süden zurückgekommen. Denen war es zu trostlos bei uns. Und mit den Tieren blieben auch die Vogelkundler weg.

Umso erstaunlicher war es, dass jetzt ganze Familien hier auftauchten. Die Männer standen zusammen und diskutierten. Sie trugen Zimmermannskleidung und sahen aus wie Handwerker. Vielleicht wollten sie hier einen Auftrag ausführen. Aber warum sollten sie dann ihre Familien mitbringen? Die Frau stand mit verschränkten Armen da und sah sich um. Sie hatte ihr blondes Haar zu einem Kranz gebunden und trug einen knöchellangen blauen Rock und eine weiße Bluse. Das Mädchen an ihrer Seite war ziemlich hübsch. Es hatte das braune Haar halblang geschnitten und war ebenso angezogen wie die Frau. Ich schätzte sie auf fünfzehn, also mein Alter. Die beiden Jungen waren etwas älter: sechzehn oder siebzehn. Auf ihren schwarzen Kapuzenpullis stand: *Sommer, Sonne, Widerstand – wir wollen leben.* Sie trugen fusselige Kinnbärte, die Haare fielen ihnen in die Gesichter und ließen die graublauen Augen nur erahnen. Irgendetwas an ihnen faszinierte mich.

„Benny, geh mal raus!", riss Tante Jeske mich aus meinen Überlegungen. „Frag sie, ob sie Zimmer wollen." Ich zögerte. „Beeil dich", trieb sie mich an. „Sonst fahren sie wieder weg."

Ich nahm meine Jacke und trottete raus. Warum konnte das nicht eins ihrer dämlichen Kinder machen?, dachte ich. Wieso musste ich immer den Laufburschen spielen?

Die Neuankömmlinge sahen mir freundlich entgegen. Die Frau winkte mir zu. Vielleicht haben sie sich ja nur verfahren und wollen den Weg zur Ostsee wissen, überlegte ich. Die Gruppe hatte einen Schäferhund dabei, der mich schwanzwedelnd ansprang.

„Muck!", rief einer der Männer scharf. Der Hund ignorierte den Befehl und schleckte stattdessen begeistert meine Hand ab. Als er davon genug hatte, trottete er zu seinem Herrchen zurück und legte sich zu dessen Füßen.

„Hallo!", sagte die Frau. Die Verwandtschaft zu dem Mädchen war eindeutig. „Wir wollen einen Sack Kartoffeln kaufen."

„Kartoffeln?", wiederholte ich.

„Ja, ihr verkauft doch welche." Sie zeigte auf die handbeschriebene Tafel neben der Tür.

Tante Jeske verkaufte Obst und Gemüse aus ihrem Garten. Wie fast jeder in der Gegend.

„Wir nehmen auch ein paar Äpfel", sagte die Frau.

„Mhm!", machte ich mürrisch.

Die Frau sah mich mit ihren blassblauen, verwaschen aussehenden Augen, die so gar nicht zu ihrem hübschen, aber auch strengen Gesicht passten, aufmerksam an. Ich hatte Lust, etwas Blödes zu sagen, um sie zu verscheuchen. Ich war genervt und wollte zurück zu dem Buch, das ich gelesen hatte, bevor die Fremden aufgetaucht waren, als einer der Männer sagte: „Wir ziehen hierher."

Ich glaubte, mich verhört zu haben.

„Wir haben das alte Herrenhaus gekauft und wollen es wieder bewohnbar machen", sagte er.

Ich sah ihn entgeistert an. Diese Leute mussten den Verstand verloren haben.

„Es ist schön bei euch", sagte die Frau. „Genau das Richtige für uns."

Großstädter, ging es mir durch den Kopf. Gelangweilte Großstädter, die ein bisschen Landleben spielen wollten. Das hatte es in den letzten Jahren hin und wieder gegeben. Sie kamen mit ihren romantischen Vorstellungen vom Bauerndasein und hielten in der Regel nur ein paar Monate durch. Wir hatten über sie gelacht, wenn sie bei Wind und Wetter missmutig über die Felder stapften oder frühmorgens schlaftrunken das Vieh versorgten. Jetzt waren seit einiger Zeit keine mehr gekommen. Es hatte sich wohl rumgesprochen, dass das Landleben hart war. Und sinnlos. Es gab ja kaum noch Bauern in unserer Gegend. Nur Busfahrer. Das hätte ich diesen Leuten am liebsten gesagt, aber sie hätten es nicht verstanden. Außerdem sahen diese anders aus. Entschlossener.

„Ich heiße Freya", sagte das Mädchen. „Wie heißt du?"

„Ich heiße Ben", murmelte ich.

„Ein schöner Name", sagte ihre Mutter. „Also Benjamin."

Ich nickte.

„Nun, Benjamin, dann auf gute Nachbarschaft", sagte der Mann und stellte sich als Reinhold vor. „Ist deine Mutter auch da?"

„Die ist tot", sagte ich kalt. Was ging die das an?

„Du Armer", sagte Freyas Mutter.

Ich zuckte mit den Schultern. „Hab sie kaum gekannt. Mein Vater ist auch tot. Autounfall. Beide verbrannt. War nur noch Asche übrig."

„Und bei wem lebst du?", wollte Freya wissen.

Ich zeigte auf das Haus hinter mir. „Bei meiner Tante."

„Die Sippe ist wichtig", sagte Reinhold. „Nur auf die Familie ist Verlass." Er nickte, um seine Worte zu bekräftigen.

Ich nickte ebenfalls. Wenn er Tante Jeske und ihre Familie kennen würde, hätte er das nicht gesagt.

Ein kurzes Schweigen entstand, das die beiden Jungen dazu nutzten, mir die Hand zu schütteln. „Beileid!", sagten sie wie aus einem Mund. Sie waren gleich groß, hatten dieselbe Art zu sprechen, zu gehen und sich zu bewegen: Zwillinge.

„Ich bin Konrad", sagte der eine.

„Und ich Gunter", sagte der andere. „Unsere Mutter ist ebenfalls tot."

„Benny, was ist denn?", hörte ich hinter mir meine Tante fragen.

Ich drehte mich um. „Sie ziehen hierher", sagte ich und zeigte auf die Gruppe, die im Halbkreis um mich herumstand.

„Aha!", sagte Tante Jeske und zog ihre Strickjacke mit beiden Händen enger, als sei ihr plötzlich kalt.

„Guten Tag", sagte Reinhold.

Tante Jeske nickte ihm abweisend zu. Sie mochte keine Fremden, die sich auf Dauer einrichten wollten. Die brachten nur Unruhe in den Ort.

„Wenn wir das Haus schön gemacht haben, werden wir ein Fest feiern, zu dem alle eingeladen sind", sagte Freyas Mutter. „Und jetzt würden wir gern einen Sack Kartoffeln und eine Stiege Äpfel kaufen."

Tante Jeskes Miene hellte sich auf. „Los, Benny, mach schon", sagte sie und stieß mir in die Rippen. Ich hasste es, wenn sie mich antrieb, und noch mehr hasste ich es, wenn sie mich Benny nannte. Das klang, als wäre ich sechs.

Die Neuen wuchteten Kartoffeln und Äpfel in den überfüllten Kofferraum und fuhren Richtung Gutshof, der etwas außerhalb des Dorfes auf einer leichten Erhebung stand.

„Nun mach nicht so ein finsteres Gesicht, Benny", sagte Tante Jeske. „Vielleicht kaufen sie ja öfter was bei uns."

„Ich heiße nicht Benny", knurrte ich und ging ins Haus.

In den nächsten Tagen bekamen wir die Neuankömmlinge kaum zu Gesicht. Wo sollte man sie auch treffen? Es gab keinen Laden, keine Kneipe, keine Kirche, keine Schule im Dorf. Zum Einkaufen fuhr man in die Kreisstadt. Ebenso wenn man ins Kino oder ins Theater gehen oder mal andere Gesichter sehen wollte. Früher fanden, wenigstens in der Sommerzeit, Dorffeste statt, die von der Freiwilligen Feuerwehr organisiert wurden, aber seit es die nicht mehr gab, gab es auch keine Feste mehr. Man besuchte sich hin und wieder gegenseitig, aber größtenteils blieb jeder in seinem Haus.

Doch eines Abends versammelte sich das halbe Dorf bei Tante Jeske, um über die Neuankömmlinge zu beraten. Die Leute waren verunsichert.

„Das sind Erben", sagte der alte Paul von gegenüber.

Die anderen murrten. Das hatte ihnen gerade noch gefehlt, dass irgendwelche Fremden hier Ansprüche auf Haus und Hof anmeldeten. So etwas war in der Vergangenheit schon in Nachbarorten vorgekommen.

„Das können die nicht machen!", rief Onkel Rolf. „So einfach ist das nicht."

Doch, so einfach ist das manchmal, dachte ich, hielt aber den Mund. Meinetwegen sollten die Neuen das ganze Dorf übernehmen und alle rausschmeißen. Mich kotzte das Leben in Bütenow an. In diesem von der Welt vergessenen Ort lebten nur noch dreiundsechzig Menschen. Achtzehn Häuser waren bewohnt. Einundzwanzig standen leer, weil ihre Bewohner weggezogen waren. Dorthin, wo es Arbeit gab und Abwechslung.

Ich konnte die Leute gut verstehen. Ich wollte auch weg. Es war langweilig in Bütenow, und Tante Jeske und Onkel Rolf waren Idioten. Ihre Kinder, Veronika und Ronald, ebenso. Auch wenn Tante Jeske mich damals nach dem Tod meiner Eltern aufgenommen hatte, ließ sie mich spüren, dass ich nicht wirklich zur Familie gehörte.

„Aber möglicherweise wollen die Neuen einfach nur auf dem Gutshof leben", gab Frau Scheumann zu bedenken. Sie hatte lange Jahre das Postamt und den Lebensmittelladen im Ort geführt, bis die Besitzer ihn zugemacht hatten, weil es sich nicht mehr lohnte.

„Das wollen wir doch erst mal sehen!", rief Onkel Rolf, wobei sein gewaltiger Schnauzer zitterte. Ein untrügliches Zeichen, dass er kurz davor war, sich noch mehr aufzuregen, weshalb Tante Jeske ihm auch beruhigend die Hand auf den Arm legte. „Hier kann nicht einfach jeder herkommen und leben, wie es ihm gefällt", schnaufte er, wobei er jedes Wort betonte. Tante Jeske nickte dazu im Takt.

„Warten wir es doch erst mal ab", sagte Frau Scheumann und hob beschwichtigend die Hände.

Am Morgen klingelte es. Ich war noch oben in meinem Zimmer, einem winzigen Verschlag unter dem Dach, als ich durch das geöffnete Fenster zwei Stimmen hörte. Eine gehörte Tante Jeske, die andere kannte ich nicht. Dann klappte die Tür und ich hörte Tante Jeske rufen. Ich reagierte nicht. Ihre Stimme rief immer dringlicher, dann hörte ich ihre wütenden Schritte die Treppe raufpoltern. Ich griff nach einem Buch und tat, als ob ich lesen würde. Tante Jeske riss die Tür auf.

„Kannst du nicht anklopfen?", fragte ich. Es machte mich wahnsinnig, dass sie ohne Erlaubnis in mein Zimmer kam. Ich hatte sie schon öfter gebeten anzuklopfen, aber sie hatte mich jedes Mal angesehen, als wäre ich gestört und hätte etwas Unmögliches von ihr verlangt.

„Ich habe mehrmals nach dir gerufen", sagte sie vorwurfsvoll und blitzte mich an.

„Ich hab gelesen", sagte ich und hielt das Buch hoch.

„Du immer mit deiner Leserei. Die Neuen brauchen jemanden aus dem Dorf. Ich habe gesagt, dass ich dich vorbeischicke."

„Warum ich?", protestierte ich. „Warum kann nicht Ronald gehen?"

„Weil Ronald nachher zur Nachhilfe muss. Ist ja nicht jeder so ein Genie in der Schule wie du." Den letzten Satz hatte sie voller Bosheit gesagt. Sie nahm es mir übel, dass ich gute Zensuren hatte, während ihr Ronald das Schlusslicht der Klasse war.

„Was wollen die denn?", fragte ich.

„Sie wollen jemanden, der sich hier in der Gegend auskennt."

„Warum?", bohrte ich nach.

Tante Jeske schüttelte genervt den Kopf. „Hör doch mal mit deiner ewigen Fragerei auf. Gehst du hin oder nicht?"

Ich sagte, dass ich später gehen würde, und vertiefte mich in mein Buch, damit Tante Jeske schnellstmöglich verschwand. Sie seufzte, dann schlug sie die Tür zu, was mich ebenfalls wahnsinnig machte.

Ich legte mein Buch weg und dachte nach. Warum wollten die Fremden etwas über die Gegend wissen? Hier gab es nur Wälder, Moore, Wiesen, Wasser, Felder, Brachen, Ruinen. Aber wenn sie schon interessiert waren, war ich genau der Richtige. Ich streifte oft durch die Gegend, ich kannte jeden Halm, jeden Pfad. Ich wusste, wo die Erde lehmhaltiger war als anderswo, ich kannte die Täler mit den dunklen Seen, in denen die Graureiher lebten, die sanft geschwungenen Hänge, wo tausendjährige Eichen standen.

Lust hatte ich zwar keine, zum Gutshaus zu gehen, aber dafür würde ich die hübsche Freya wiedersehen.

Ich war überrascht, was die neuen Bewohner aus dem alten Gemäuer schon alles gemacht hatten. Sie hatten die eingeworfenen Scheiben ersetzt, das Unkraut gerodet, das Dach ausgebessert und die alten rostigen Pflüge und Eggen weggeschafft. Alle trugen Arbeitskleidung.

„Benjamin, kannst du uns mal helfen?", rief eine weibliche Stimme. Ich sah mich um. Es war Freyas Mutter, die zusammen mit ihrer Tochter gerade einen zerfetzten Traktorreifen hochwuchtete. „Der soll in die Scheune", sagte sie. Ich packte mit an und wir rollten das Monstrum in die Scheune, wo wir es in einer alten Pferdebox verstauten.

„Vielen Dank", sagte Freyas Mutter, wischte sich die schmutzige Hand an ihrem Overall ab und hielt sie mir hin. „Ich heiße übrigens Uta." Sie bemerkte meine Verwirrung und fügte lachend hinzu: „Du kannst ruhig Du zu mir sagen. Das tun alle." Ihre blassblauen Augen strahlten mich an, als würde sie sich wirklich freuen, mich zu sehen.

„Hallo, Benjamin, schön, dass du da bist!", rief jemand. Ich sah mich um. Es war Reinhold.

„Meinen Mann kennst du ja schon", sagte Uta. „Und der daneben heißt Hartmut."

Hartmut nickte mir zu. Er war das genaue Gegenteil von Reinhold. Während dieser freundlich wirkte, hatte Hartmut etwas Düsteres an sich, etwas Undurchdringliches.

Ich sah den Männern zu, die gerade die riesige Wurzel einer abgestorbenen Kastanie ausgruben. Der Hund tollte mit großen Sprüngen über den aufgeworfenen Erdhaufen und bellte. Ich sah mich verstohlen nach Freya um, die wieder verschwunden war.

„Freya und die anderen sind hinter dem Haus und räumen da ein paar Sachen weg. Vielleicht willst du ihnen ja helfen", schlug Uta vor.

„Eigentlich habe ich noch was vor", sagte ich. Was zwar nicht stimmte, aber ich ärgerte mich, dass sie mich durchschaut hatte.

„Wie du meinst", sagte sie achselzuckend und wandte sich ab.

Ich stand unschlüssig da und trat von einem Bein auf das andere. „Meine Tante hat gesagt, dass Sie mich … äh, dass ihr mich braucht?"

Sie drehte sich wieder zu mir um und sah mir ins Gesicht. „Ja, wir brauchen jemanden, der sich hier auskennt und uns ein wenig die Gegend zeigt."

„Wir brauchen einen Führer", sagte Reinhold, der unbemerkt zu uns getreten war. Beide lachten, als hätte er einen besonders guten Witz gemacht. „Ganz im Ernst", sagte Reinhold und schlug mir auf die Schulter. „Wir wollen den Boden bearbeiten, wir wollen ein paar Felder kaufen und wir brauchen jemanden, der sich hier gut auskennt, uns ein paar Tipps geben kann und außerdem die Leute kennt. So eine Art Vermittler."

„Deine Tante hat dich uns empfohlen", sagte Uta.

Dass Tante Jeske so etwas tat, überraschte mich, aber wahrscheinlich wollte sie mich nur aus dem Haus haben. Trotzdem war es ein gutes Gefühl. Normalerweise war ich für Tante Jeske eher der Spinner, der seine Nase den ganzen Tag in Bücher steckte und sich für was Besseres hielt.

„Du könntest uns auch zeigen, wo man einkaufen kann", sagte Uta.

„Mhm", machte ich.

Da tauchte Freya wieder auf und winkte mir zu. Das war mir peinlich vor ihren Eltern und so nickte ich nur kurz zurück. Gerade wollte ich mich verabschieden, da rief Freya meinen Namen und kam auf mich zugelaufen.

„Willst du schon gehen?", fragte sie atemlos. Ich murmelte was von Haushaltspflichten, da fiel sie mir ins Wort: „Hast du nicht Lust, uns zu helfen?"

Ich war zu überrascht, um zu antworten, und so ließ ich mich von Freya hinter das Haus mitziehen, wo die Zwillinge damit beschäftigt waren, einen Weg anzulegen. Sie arbeiteten mit freien Oberkörpern. Freya drückte mir eine Schaufel in die Hand. Ich sah sie überrascht an.

„Du weißt doch, was man damit macht, oder?", neckte sie mich.

„Man hält sie sich über den Kopf, um kosmische Strahlen abzuwehren, nicht wahr?", sagte ich.

Freya sah mich verständnislos an.

„Das war ein Scherz", fügte ich hinzu. Scheinbar mochten sie keine Witze während der Arbeit. Ich bekam einen hochroten Kopf und fing an, es den Zwillingen gleichzutun, die eifrig schippten. Freya brachte die volle Schubkarre weg und die leere zurück.

„Wo habt ihr denn vorher gewohnt?", fragte ich einen der Zwillinge, wobei ich nicht wusste, ob es Gunter oder Konrad war. Auch wenn sie keine eineiigen Zwillinge waren, waren sie schwer auseinanderzuhalten.

„Mal hier, mal da", sagte Gunter oder Konrad knapp und schaufelte weiter.

„Ich lebe schon mein ganzes Leben hier", sagte ich.

Konrad oder Gunter sah mich kühl an, bevor er ungerührt weiterschaufelte. Er wirkte ernst, fast verbissen.

Aber das taten sie beide. Als ob sie von einer inneren Stimme angetrieben wurden. Die Arbeit begann mir Spaß zu machen und nach einer halben Stunde zog ich meine Jacke aus.

Zwischendurch brachte uns Uta kalten Tee. „Akelei", sagte sie, als sie mir eine Tasse reichte. „Ein Kraut, das hier in der Gegend wächst", fügte sie hinzu.

„Aha", machte ich. Bei uns gab es höchstens mal Beuteltee, aber auch nur, wenn einer Bauchschmerzen hatte.

Nachdem ich eine Weile geschippt hatte, machte ich eine kleine Pause, auf meiner Handfläche hatten sich erste Blasen gebildet. Gunter und Konrad sahen mich verächtlich an und gruben weiter. Sie hätten wahrscheinlich tagelang weitergebuddelt, selbst wenn ihnen das Fleisch in Fetzen von den Händen gefallen wäre. Ich wollte mir keine Blöße geben und so biss ich die Zähne zusammen und schippte weiter. Ich erhöhte sogar das Tempo, weil die Zwillinge es auch taten.

Erst als Freya fragte, warum der Schaufelstiel rot sei, hörte ich auf und sah meine Handflächen an. Sie waren voller Blut. Konrad und Gunter blickten mich ungerührt an, und doch hatte ich den Eindruck, dass sie beeindruckt waren.

Freya holte eine Salbe aus dem Haus, die sie vorsichtig auf meine Hände strich, um sie anschließend mit Mullbinde zu umwickeln. Meine Haut brannte leicht, aber es war nicht unangenehm.

„Du hättest was sagen sollen", sagte Freya vorwurfsvoll.

Es gefiel mir, dass sie sich Sorgen machte. „Halb so wild", sagte ich und wollte weiterschaufeln, doch sie hielt mich davon ab.

„Du kannst eine andere Arbeit machen", sagte sie und rief ihren Vater.

Reinhold hörte sich meine Geschichte lächelnd an und pfiff anerkennend durch die Zähne. „Hart im Nehmen", sagte er und schlug mir auf die Schulter. „Ich brauche jemanden im Haus, der mir beim Weißen der Wände hilft. Einen Pinsel wirst du wohl halten können, oder?"

Ich bejahte und folgte ihm.

„Wir streichen im großen Saal", erklärte er mir unterwegs. „Warst du schon einmal hier drin?"

Ich nickte. „Ein, zwei Mal." Ich konnte Reinhold ja schlecht erklären, dass ich im Gutshaus zusammen mit den anderen Kindern aus dem Dorf die Fenster eingeschmissen hatte und wir auch ein paarmal im Haus gekokelt hatten. Selbst meine erste Zigarette und mein erstes Bier hatte ich dort probiert.

Auf dem Weg in den großen Saal erklärte mir Reinhold, dass das Haus im 18. Jahrhundert erbaut worden war, und erzählte mir ein paar Anekdoten aus der Entstehungszeit. Im Dorf hat sich garantiert noch nie jemand über das Gutshaus Gedanken gemacht, dachte ich. Zu DDR-Zeiten und nach der Wende waren in dem Haus die HO-Gaststätte und der Lebensmittelladen gewesen. Hier hatten die Bütenower eingekauft und ihr Bier getrunken.

Im großen Saal war auch Hartmut beschäftigt. Er war der Vater der Zwillinge, wie Reinhold mir verriet. Hartmut nickte mir zu und strich dann weiter. Hin und wieder fragte er Reinhold, was er als Nächstes tun solle, und Reinhold erklärte es ihm geduldig.

Während wir eine Wand weißten, fragte er mich, wie das Leben im Dorf sei. Ich erzählte ihm ein bisschen und verschwieg auch nicht, wie langweilig ich es fand und dass ich in die Stadt, am besten nach Berlin, wollte. Er sah mich fragend an.

„Na ja, es gibt eben wenig Abwechslung hier", druckste ich herum.

„Aber hier gibt es doch ganz viel Abwechslung", widersprach er. „Die Natur, die Tiere, das Land muss bestellt, muss urbar gemacht werden. Hier hat der Mensch seine Bestimmung. Nicht in der Stadt, das ist seiner Natur fremd. Wir wollen nach unserer eigenen Art leben, Bio-Landwirtschaft betreiben."

Ich sah ihn überrascht an, er schien es tatsächlich ernst zu meinen. Vielleicht hatte er ja wirklich Spaß daran, Landwirt zu sein. Das war für meine Begriffe zwar ein bisschen irre, aber harmlos.

„Und die Leute im Dorf?", fragte er.

Ich zählte ihm die Namen auf und sagte zu jedem ein paar Worte. Besonders interessiert war er an Georg. Georg war Künstler und lebte am Dorfrand. Er war Bildhauer, malte aber auch. Ein paar seiner Sachen hingen in Kirchen in der Gegend und wurden manchmal in den Touristenorten in Cafés und Galerien gezeigt. Georg war um die fünfzig und lebte allein. Seine Frau war vor ein paar Jahren an Krebs gestorben. Sein Garten war verwildert und voller Steine und halb fertiger Figuren. Die anderen im Ort regten sich immer darüber auf. Onkel Rolf hatte sogar mal gewettert, dass die Unordnung die Wölfe anziehen würde, aber darüber hatte selbst Tante Jeske gelacht.

Ich hatte mich im letzten Sommer ein wenig mit Georg angefreundet. Er hatte mitgekriegt, dass ich oft allein unterwegs war und häufig ein Buch unter dem Arm hatte. So waren wir ins Gespräch gekommen, und im Laufe des Sommers lieh mir Georg Bücher von sich oder empfahl mir welche, die ich dann im Bücherei-Bus bestellte. Manchmal hatte ich ihn auch begleitet und ihm geholfen, seine Sachen aufzubauen. Jetzt hatte ich Georg eine Weile nicht zu Gesicht bekommen. Er bereitete gerade eine Ausstellung vor, hatte Frau Scheumann erzählt. All das berichtete ich Reinhold.

„Und was liest du gerade?", fragte dieser.

„*Löcher* von Louis Sachar."

„Ist das ein Amerikaner?", wollte er wissen. Als ich bejahte, verzog er das Gesicht, als hätte er auf etwas Bitteres gebissen. „Das ist doch Schund. Was wissen die schon von unseren Problemen in Deutschland? Hast du schon mal die deutschen Klassiker gelesen? Jünger, George, Weiss, Frenssen?"

„Wir haben Thomas Mann in der Schule gelesen", sagte ich. „*Mario und der Zauberer*. Fand ich gut, vor allem, als Mario den Zauberer erschießt."

„Nachher geb ich dir mal ein Buch mit", sagte Reinhold, ohne weiter darauf einzugehen.

Obwohl meine Hand brannte und der Verband blutdurchtränkt war, arbeitete ich weiter, um Reinhold zu zeigen, dass ich keine Memme war. Wir weißten bis zum Abend. Dann begannen Reinhold und Hartmut, einen großen Holzberg aufzuschichten und anzuzünden. Sie stellten ringsum Stühle auf, während Uta und Freya einen großen Topf Suppe brachten.

„Ich muss nach Hause", sagte ich, als Reinhold mich einlud.

Er schüttelte den Kopf. „Essen kannst du auch bei uns", sagte er. „Du bist in guten Händen. Ich glaube nicht, dass sich deine Leute Sorgen machen."

Da hatte er wohl recht. Selbst wenn ich bis spätabends durch die Felder streifte, fragte mich zu Hause niemand, wo ich gewesen sei. Man kam und ging bei uns, als wohnte man nur zufällig im selben Haus.

Es gab Kürbissuppe und selbst gebackenes Brot, was köstlich schmeckte. Zu trinken gab es für alle Wasser, worüber ich mich wunderte, da ich erwartet hatte, dass die Männer Bier trinken würden. Während des Essens redeten vor allem Uta und Reinhold. Reinhold erzählte Geschichten, die Uta lachend ergänzte. Hin und wieder fielen ihm die Zwillinge oder Freya ins Wort, und es wurde noch mehr gelacht. Selbst Hartmut verzog hin und wieder das Gesicht zu einem Lächeln.

Ich fühlte mich wohl zwischen diesen Menschen. Zwar aßen wir bei Tante Jeske auch gemeinsam, aber dabei wurde wenig geredet. Und erst recht nicht gelacht. Worüber auch?

Reinhold lobte immer wieder mein Durchhaltevermögen trotz der kaputten Hände. Er sagte den Zwillingen sogar, dass sie sich von mir eine Scheibe abschneiden könnten, was mir peinlich war, vor allem, als die beiden rot wurden und die Köpfe senkten.

Freya lächelte mir aufmunternd zu und ich lächelte zurück.

Nach dem Essen versuchte Reinhold, die Hündin Muck zum Apportieren zu bewegen, und warf unermüdlich Stöcke durch die Gegend. Aber Muck bellte nur, wedelte mit dem Schwanz und glotzte Reinhold an. „Blöder

Köter", murmelte dieser und schubste sie weg, als sie versuchte, seine Hand abzulecken. Die Zwillinge sahen wortlos den über dem Feuer tanzenden Funken nach.

„Hol doch mal deine Gitarre!", forderte Uta ihre Tochter auf.

Ich kannte die Lieder nicht, die sie sangen, und so summte ich mit, so gut ich konnte. Es ging um Wälder und Seen, um die Natur und unser Land. Dann räumte Uta die Schüsseln ab. Die beiden Männer unterhielten sich über die anstehenden Arbeiten, als Freya sich zu mir rüberbeugte und flüsterte: „Komm, ich will dir was zeigen." Sie zog mich an der Hand hinter sich her zum Haus, die Treppe hoch, bis zu einer knarrenden Tür, die auf den Dachboden führte. Als Freya hineinschlüpfte, blieb ich unschlüssig stehen. „Was ist?", fragte Freya.

„Man soll da nicht hochgehen", sagte ich. „Der Boden ist morsch und kann einbrechen."

Freya kicherte. „Bist du immer so ängstlich?", fragte sie. „Nun komm schon", fügte sie hinzu, als ich immer noch zögerte.

„Ich war heute schon einmal da oben", sagte Freya, während wir die enge Treppe hochstiegen. Sie hatte wieder meine Hand ergriffen, was mir peinlich war, weil ich schwitzte und weil ich nicht wusste, wie mich verhalten sollte. Ich war noch nie mit einem Mädchen allein gewesen. Abgesehen von meiner Cousine, aber die zählte nicht.

Oben angekommen, standen wir in einem großen Flur, von dem mehrere Türen abgingen. Der Mond schien durch die staubigen Fenster und tauchte die rissigen Wände in ein milchiges Licht.

„Hier oben waren Wohnungen, die bis in die Siebziger bewohnt waren", sagte Freya. „Aber es waren eher Verschläge. Die Kommunisten haben ihre Leute wie Tiere hausen lassen."

Sie zog eine Taschenlampe aus ihrer Rocktasche und drehte sich im Kreis, wobei sie den Strahl langsam durch den Flur wandern ließ. An einigen Türen hingen noch Briefkästen mit vergilbten Namensschildern. Freya öffnete eine Tür und leuchtete in einen Raum voller Schutt. In einem anderen stand ein eisernes Bettgestell.

„Unglaublich, dass Menschen früher so leben mussten", sagte sie leise.

Hinter jeder Tür war eine winzige Kammer, in der manchmal ganze Familien gewohnt hatten.

„Wo sind die Bewohner denn aufs Klo gegangen?", fragte ich.

Freya hielt inne und leuchtete mir ins Gesicht. „Was glaubst du denn?", fragte sie.

Ich zuckte mit den Schultern. Statt einer Antwort ließ Freya den Taschenlampenstrahl auf einen eisernen Kübel fallen, der in der Ecke stand.

Wir stiegen wieder hinunter und ich wollte mich gerade von Freya verabschieden, als Reinhold nach mir rief. Er reichte mir die Hand und sagte: „Du bist ein begabter Junge. Du hast gute Ansätze. Ich hoffe, wir sehen uns morgen wieder."

Ich wusste nicht, was ich sagen sollte, und so hielt ich den Mund, auch, um vor Reinhold nicht dumm dazustehen. Dass ich begabt wäre, hatte mir noch niemand so deutlich gesagt.

Zum Abschied drückte mir Reinhold ein Buch in die

Hand. „*Jörn Uhl* von Gustav Frenssen", las ich laut. Der Einband war abgegriffen und fadenscheinig.

Reinhold nickte. „Der Autor ist leider längst vergessen. Wie so vieles, das gut und wahr ist. Als ich in deinem Alter war, habe ich das Buch verschlungen. Es geht um Familie und die Liebe zum Boden. Begriffe, die man in unseren Tagen nicht mehr gern hört."

Ich bedankte mich, versicherte Reinhold, dass ich das Buch sofort zu lesen anfangen würde, und machte mich auf den Weg.

Tante Jeske, Onkel Rolf und ihre Kinder saßen vor dem Fernseher. Niemand sah auf, als ich reinkam. Auf meinen Gruß hin nickte Tante Jeske kaum merklich. Ich setzte mich zu ihnen und wartete auf eine Frage zu den Neuankömmlingen oder auf eine Gelegenheit, etwas zu erzählen. Als nichts passierte, ging ich in mein Zimmer und fing an, in dem Buch zu lesen, das Reinhold mir gegeben hatte. Ich mühte mich durch den zähen und altmodischen Stil des Autors. Anfangs fand ich die Geschichte langweilig, doch nach einer Weile begann sie mich zu fesseln. Es ging um einen von seiner Familie verachteten Jungen, dem am Ende alles gelingt, was er sich vorgenommen hat.

Ich las mich fest, bis Tante Jeske reinkam. „Immer am Lesen. Verdirbst dir noch die Augen", sagte sie.

Ich sah auf. „Glaubst du, der Charakter eines Menschen kann durch Schicksalsschläge brüchig werden?", fragte ich. Das hatte ich in dem Buch gelesen.

„Was du immer für Ideen hast", sagte Tante Jeske und schlug die Tür hinter sich zu.

Wenn die Sonne auf einen Misthaufen scheint, so antwortet er mit Gestank

Sie hatten mich nicht entdeckt, aber es war nur eine Frage der Zeit, bis sie auf meine Spur kommen würden. Ich hastete durch die feuchte Senke, die unser Dorf wie einen Graben umgab. Das dünne Eis der Pfützen brach knirschend unter meinen Füßen.

Der Mond stand als helle Sichel am Himmel und beleuchtete den Weg, den ich geduckt entlanglief. Ich wusste noch immer nicht, was ich tun sollte. Zum nächsten bewohnten Ort waren es zwölf Kilometer, und ich musste querfeldein gehen, da sie die Straßen auf der Suche nach mir garantiert abfuhren. Oder ich konnte mich bis zum Morgen verstecken und an einer einsamen Haltestelle in den Bus steigen, der mich zur Kreisstadt brachte, um dort zur Polizei zu gehen. Doch es war Wochenende und der Bus fuhr nur am Nachmittag. Zudem herrschten Minusgrade. Ich blieb kurz stehen und sah zum Dorf zurück. War das wirklich alles passiert?, schoss es mir durch den Kopf. Ich war wie gelähmt. Ich gab mir einen Ruck, ich musste in Bewegung bleiben. Einfach nur laufen, möglichst weit weg. Ich stolperte wie im Traum vorwärts und bemerkte erst, als mir das Blut von der Hand tropfte, dass ich mich an den harten und scharfen Gräsern geschnitten hatte.

Ich verbrachte meine Nachmittage bei den Neuankömmlingen. Tante Jeske wusste nichts davon, sie fragte nicht einmal, was ich tagsüber tat. Wahrscheinlich nahm sie an, dass ich wie gewohnt durch die Landschaft streifte und mich „herumtrieb", wie sie das nannte. Wie anders dagegen war es bei Uta und Reinhold. Sie freuten sich, wenn ich morgens zum Gutshof kam, und sie bedauerten es, wenn ich abends ging. Ich beneidete Freya und die Zwillinge, die in diesem Haus und mit diesen Menschen leben durften.

Wir arbeiteten schwer, um die Räume bewohnbar zu machen. Wir strichen, putzten, bohrten, schleppten Gerümpel, verlegten Fußböden. Ich wunderte mich über mich selbst. Ich hätte nie gedacht, dass mir so etwas Spaß machen könnte.

„Körperliche Arbeit reinigt den Geist und stählt den Körper", war einer von Reinholds wiederkehrenden Leitsätzen.

War gerade nicht so viel zu tun, was selten vorkam, spazierte ich mit Freya durchs Dorf. Sie wollte alles wissen: wer wo wohnte und was die Leute so taten. Ich beschrieb ihr jeden Einzelnen ausführlich: Aussehen, Alter, Eigenarten, Familienstand, Beruf.

„Der da drüben ist Busfahrer und der da auch und der in dem roten Haus ist auch Busfahrer." Freya sah mich ratlos an. „Ach ja, seine Frau ist auch Busfahrerin. Und ich glaube, ihr Sohn wird auch einer, der hat so einen eckigen Kopf."

Freyas Mundwinkel zogen sich nach unten, als ob die Schwerkraft sie plötzlich mit voller Wucht getroffen hätte. „Du solltest dich nicht über die Leute hier lustig machen", sagte sie. „Das ist eine Gemeinschaft. Wir müssen zusammenhalten."

Ich war überrascht, wie schnell sie sich dazugehörig fühlte. „Gemeinschaft", stöhnte ich auf. „Hier leben nur ein paar Leute, die vom Schicksal vergessen worden sind."

„Glaubst du denn, dass es besser wird, wenn man sich darüber lustig macht?", fragte Freya streng. Ihr Blick wurde eisig und ich wechselte schnell das Thema.

„Da drüben wohnt die alte Frau Narjes. Sie geht kaum noch aus dem Haus. Ihr Neffe wohnt in Potsdam und wartet darauf, dass sie stirbt, damit er ihr Haus verkaufen kann. Obwohl ich nicht glaube, dass jemand die alte Hütte haben will."

„Die arme Frau", sagte Freya, und in ihren Augen glaubte ich Tränen glitzern zu sehen. „Wer kümmert sich denn um sie?"

„Na ja", sagte ich und hob die Arme. „Einmal am Tag kommt die Sozialpflegerin aus der Kreisstadt und die macht dann …" Noch ehe ich meinen Satz zu Ende gesprochen hatte, war Freya entschlossen auf das Haus von Frau Narjes losmarschiert und hatte an der Tür geklingelt.

„Was soll denn das?", raunte ich ihr zu, als wir darauf warteten, dass sich im Haus etwas rührte. „Komm, lass uns gehen", sagte ich, als sich nach einer Weile noch immer nichts getan hatte. „Vielleicht schläft sie."

„Wer ist denn da?", hörten wir in diesem Moment eine brüchige Stimme hinter der Tür fragen.

Freya stupste mich an. „Ich bin's, Benny", sagte ich.

Der Schlüssel drehte sich langsam im Schloss, dann erschien das Gesicht eines uralten Wesens. Ich erschrak. Frau Narjes bestand nur noch aus Haut und Knochen. Sie sah aus, als ob sie mit dem Tod schon Tee getrunken hätte. Mir fiel auf, dass ich Frau Narjes seit bestimmt einem Jahr nicht mehr gesehen hatte, obwohl unsere Häuser höchstens zweihundert Meter auseinanderlagen. Im Gegensatz zu ihrem greisenhaften Gesicht waren ihre

Augen noch hellwach und erkannten mich sofort. „Das ist aber eine Freude, dass du mich mal besuchst, Benny." Ich hatte sofort ein schlechtes Gewissen. Früher hatte ich oft von Frau Narjes ein Stück Kuchen und ein Glas Saft bekommen. „Und wer ist deine Freundin?", fragte sie und musterte Freya neugierig. Ich stellte sie vor, woraufhin Frau Narjes die Tür ganz öffnete und uns hereinbat. Aus dem Haus schlug uns der chemische Geruch von Arzneien entgegen.

Frau Narjes bestand darauf, uns einen Tee zu machen, und bugsierte uns in die verstaubten, mit Blümchen verzierten Polstersessel. Dann verschwand sie mit schlurfenden Schritten in der Küche.

Ich hatte kein gutes Gefühl. „Was sollen wir denn hier?", fragte ich Freya, die mich tadelnd ansah und aufsprang, um Frau Narjes in der Küche zu helfen. Ich sah mich derweilen um. Im Wohnzimmerschrank standen vergilbte Fotos von ihrem verstorbenen Mann, ihrem verstorbenen Sohn und einer jungen Frau Narjes, die auffordernd in die Kamera blickte. Auf einem Foto war ich drauf, beziehungsweise das ganze Dorf. Es war bestimmt schon acht Jahre alt und auf einem der letzten Dorffeste entstanden. Das ganze Dorf hatte vorher wochenlang gebacken, geschlachtet, geschmückt. Der Chorverein hatte Lieder einstudiert. Höhepunkt des Festes war das spektakuläre Löschen eines Autos, das die Feuerwehr vorher in die Luft gejagt hatte. Gefeiert hatten wir im alten Platzhaus, das seit Jahren geschlossen war und in dem nur noch die Mäuse nisteten.

Als ich es in der Küche klappern hörte, stellte ich die Bilder weg und setzte mich schnell wieder hin. Freya balancierte ein Tablett, das sie vorsichtig auf den kleinen Couchtisch stellte.

Frau Narjes folgte ihr. Sie war verwundert, dass Freya mit ihrer Familie und Freunden in den Ort gezogen war.

„Na ja, wir wollten eben aufs Land", erklärte Freya. „Wir wollen unser eigenes Essen anbauen und nicht von irgendwelchen Konzernen und vom Ausland abhängig sein."

Frau Narjes schüttelte empört den Kopf und rief hin und wieder: „Oje, oje!", wobei sie sich ihren Rührkuchen genauer ansah, als würde da ein Schild *Made in China* draufkleben.

„Es ist doch auch schöner, in einer Gemeinschaft auf dem Land zu leben, als anonym in der Stadt, wo sich keiner um den anderen kümmert", sagte Freya.

Frau Narjes nickte. Ich hätte gern gesagt, dass sich bei uns auch niemand um den anderen kümmerte, aber die beiden waren sich so einig, dass ich mich nicht dazwischendrängen wollte. Hin und wieder streichelte Freya der alten Frau über den Arm, strich über die welke Haut, die wie gekocht aussah. Frau Narjes lebte sichtlich auf, und ich nahm mir in diesem Moment vor, sie regelmäßig zu besuchen.

Als wir schon an der Tür waren und uns verabschiedeten, beklagte sich Frau Narjes über die Ärzte, und dass niemand mehr zu ihr komme, seitdem der alte Doktor Huth seine Praxis im Nachbardorf zugemacht hatte. „Ich muss immer in die Kreisstadt", sagte sie. „Aber wie soll ich da hinkommen? Die Frau von der Sozialstation hat so viele Leute zu versorgen, die kann mich nicht regelmäßig hinbringen."

Freya versprach Frau Narjes, ihre Mutter vorbeizuschicken. „Die ist zwar keine Ärztin, aber sie kennt sich mit Heilkunde aus. Sie hat schon vielen Leuten geholfen. Wir gehen gar nicht mehr zum Arzt."

„Das war eine gute Idee, Frau Narjes zu besuchen", sagte ich zu Freya, als wir zurück zum Gutshaus gingen. „Was war denn das mit dem Essen?", wollte ich wissen.

Freya sah mich fragend an. „Was meinst du?"

„Na, mit den Konzernen und so."

„Findest du es in Ordnung, Sachen zu essen, die aus Fabriken kommen und im Labor entstehen?", fragte Freya zurück. „Das ist doch alles unnatürlich und artfremd. Was du im Supermarkt kaufen kannst, ist alles künstlich hergestellt." Ihre Stimme wurde schriller. „Und es kommt aus dem Ausland. Die benutzen das als Waffe gegen uns Deutsche."

„Kann sein", sagte ich beruhigend. Ich hatte mich noch nie damit beschäftigt. Vielleicht stimmte es ja. Freya wirkte erwachsener und ernster als andere unseres Alters und sie interessierte sich für Politik. Ich las zwar viel, aber eben nur Romane, keine Zeitungen. Politik interessierte mich nicht. Ich sah auch nie Nachrichten oder hörte Radio.

Als ich das Freya erzählte, sagte sie nur abschätzig: „Systempresse." Ich sah sie fragend an. „Du musst dich über unabhängige Quellen informieren", fügte sie hinzu. „Ich gebe dir mal ein paar Adressen aus dem weltweiten Netz. Mach bloß nicht den Fehler, auf die gleichgeschalteten Medien reinzufallen."

„Das sagt Onkel Rolf auch immer", sagte ich. „Die würden alle nur voneinander abschreiben und am Ende wüsste niemand mehr, was wahr ist."

Uta packte gleich ein paar Sachen zusammen, als wir ihr von unserem Besuch bei Frau Narjes erzählten. Ich sah ihr dabei zu und sie erklärte: „Das sind Salben und Tinkturen, die ich aus verschiedenen Heilpflanzen gewonnen habe." Sie zeigte auf eine Stelle im Garten. „Da kommt das Gesundheitsbeet hin. Unsere Apotheke. Bei uns gibt es keine Chemie." Sie lachte.

Reinhold, der gerade hereingekommen war, sah seiner Frau zu und sagte dann: „Wirklich schade, dass sich niemand mehr um den anderen kümmert. Gerade alte Menschen brauchen ganz besondere Fürsorge."

Freya und ich kratzten noch eine Weile alte Tapeten in ihrem zukünftigen Zimmer ab, bis ich sagte, ich müsse gehen. Als Freya vorschlug, ich könnte doch auch im Zimmer der Zwillinge übernachten, lehnte ich ab. Ich war mir nicht sicher, ob den beiden diese Idee gefiel. Zwar duldeten sie mich, aber sie waren auch ein wenig abweisend und wortkarg mir gegenüber. Ich wusste nicht, woran ich bei ihnen war, und doch beeindruckten sie mich, vor allem ihre Härte sich selbst gegenüber. Sie übernahmen die schwersten Arbeiten, und davon bürdete Reinhold ihnen jede Menge auf, und erledigten sie, ohne sich zu beschweren. Tagtäglich schufteten sie mit freien Oberkörpern. Sie waren durchtrainiert und hatten überall Muskeln, die sich wie Wurzelgeflechte über ihre Körper zogen.

Außerdem bewunderte ich ihren Ernst. Es war zwar ein bisschen seltsam, dass sie nie lachten, aber sie machten sich auch nicht über alles lustig, wie andere, die ich aus der Schule kannte, oder wie mein Cousin und meine Cousine. Oder wie ich selbst manchmal. Doch sie verunsicherten mich auch. In ihrer Gegenwart fühlte ich mich immer wie ein zahnloser Stubentiger, während sie mir wie Wildkatzen vorkamen.

Ich trollte mich nach Hause und sah, dass bei Georg Licht war. Er war also wieder da. Ich nahm mir vor, ihn gleich am nächsten Tag zu besuchen.

Zum Abendbrot gab es bei Tante Jeske kalte Platte und Gurkensalat. Als ich sie darauf aufmerksam machte, dass die Gurken in einem Labor entstanden waren, sah mich Tante Jeske mitleidig an. „Die kommen aus meinem Garten", sagte sie nach einer Weile.

Georg war damit beschäftigt, Bilder für seine Ausstellung zusammenzusuchen. Ich sah ihm zu, wie er Bilder und Skulpturen mit Zetteln beklebte, die mitsollten, nachdenklich davorstand und nach ein paar Minuten die Zettel abriss, um sie auf andere Stücke zu kleben.

„Hast du schon davon gehört, dass im Gutshaus neue Leute wohnen?", fragte ich.

„Ja, ja", murmelte er. „Gibt ja kein anderes Thema in diesem Dorf." Dann äffte er Frau Scheumanns näselnde Sprechweise nach: „Und wie nett die sind!"

„Sind sie wirklich", sagte ich vorsichtig.

„Da zieht jemand ins Gutshaus, tut freundlich, bringt einem Kranken Tee, und schon sind alle ganz hingerissen."

„Aber das ist doch gut", sagte ich.

Georg unterbrach seine Arbeit und sah mich an. „Du kennst doch diese Leute gar nicht wirklich. Hier kommt keiner her, weil ihm die Gegend so gut gefällt. Da gibt's schönere Ecken. Wer hierherkommt, der hat was im Sinn."

„Sie wollen Landwirtschaft betreiben", sagte ich. „Sich selbst versorgen und unabhängig sein."

„Pfff!", machte er. „Wir leben doch nicht mehr im Mittelalter."

„Reinhold hat gesagt, dass hier in Deutschland bald alles zusammenbricht und dass man vorbereitet sein sollte, weil es dann nichts mehr zu kaufen gibt."

Georg winkte ab. „Dann weiß er mehr als alle anderen."

„Was liest du gerade?", fragte er, als wir eine riesige Tonfigur von einer Ecke in die andere trugen. Ich erzählte ihm begeistert von dem Buch, das mir Reinhold geliehen hatte. Georg kannte es nicht, stattdessen schwärmte er mir von einem anderen vor: „*Das Ende der Welt*. Mein Neffe hat das gerade gelesen. Habe leider vergessen, wie der Autor heißt, aber ich kriege es raus."

Ich verabschiedete mich von Georg. Als ich schon draußen war, rief er mir durch das Fenster hinterher: „Sag mal, hast du nicht Lust, nach Stettin mitzukommen? Ist in den Weihnachtsferien." Ich zögerte mit einer Antwort.

„Wird dir gefallen", sagte Georg.

„Ich überlege es mir", sagte ich und drehte mich um.

„Sag mir rechtzeitig Bescheid, ich muss Zimmer buchen!", rief Georg mir nach.

Ich versprach es.

Auf dem Gutshof war die Stimmung schlecht. Scheinbar hatte es Streit zwischen Reinhold und den Zwillingen gegeben. Freya wollte mir den Grund nicht verraten, und Gunter oder Konrad mochte ich nicht fragen.

Umso überraschter war ich, als die Zwillinge mich ansprachen: „Reinhold hat uns verboten, eine Reichskriegsflagge außen am Haus aufzuhängen." Ich wusste nicht, wie diese Flagge aussah, also zuckte ich nur mit den Schultern und tat, als würde ich das bedauern.

„Er meint, das würde die Leute abschrecken", sagte einer der Zwillinge und verzog den Mund.

„Hast du Lust, nachher mit uns rauszugehen?", wechselte der andere das Thema.

„Ja", sagte ich verwirrt. Dabei war ich mir sicher gewesen, dass sie mich nicht leiden konnten.

Die beiden nahmen mich in ihre Mitte. Sie wollten, dass ich sie zu dem alten Russen-Flugplatz führte, von dem ich ihnen erzählt hatte.

Einer der beiden trug eine längliche Tasche über der Schulter, über deren Inhalt er mir nichts verraten wollte. „Wart's ab", sagte er nur.

Baracken säumten das Gelände, ein Hangar stand wie zufällig hingeworfen da. Von Wind und Wetter schief, mit löchrigem Wellblechdach, in einer Ecke wucherte Ginster. Die Zwillinge waren begeistert, sie wollten alles sehen und liefen, den Blick auf den Boden geheftet, über das Gelände.

„Hier findet sich garantiert noch alte Munition", sagte Gunter. Oder war es Konrad? „Kalaschnikow", sagte der andere und klatschte seinen Bruder ab.

Ich war nie gern auf dem Flugplatz gewesen. Er hatte so was Trauriges an sich, wie die Ruinen einer untergegangenen Kultur, von deren Bewohnern niemand übrig geblieben war.

Die ehemalige Landebahn war von Kratern übersät. Einer der Zwillinge ahmte ein Maschinengewehr nach und schoss in den Himmel.

„Wollen wir mal hoch auf den Tower?", schlug ich vor.

„Du meinst den Kontrollturm", sagte einer der Zwillinge in strengem Ton. „Lass das bloß nicht Reinhold hören."

„Dafür gibt es auch ein deutsches Wort, würde Reinhold jetzt sagen", meinte der andere.

„Er hasst Fremdwörter."

„Manches ist wirklich albern. Auf dem Bahnhofsklo steht *City-Toilette* und gleich daneben gibt's den *Info-Point*", lachte ich. „Alte Leute finden sich da doch gar nicht mehr zurecht. Englisch ist sowieso mein absolutes Horror-Fach. Die alten Leute sollten am *Info-Point* mal vor die Theke kacken und bei der Klofrau nach Fahrkarten fragen. Scheißenglisch!"

„You got it", sagte einer der Zwillinge und formte mit den Fingern eine Pistole, mit der er auf mich zielte. Wir lachten.

Ich stapfte vor den Zwillingen her die Treppe zum Turm hoch. Oben angekommen, lüfteten sie das Geheimnis ihrer Tasche. Sie enthielt ein Kleinkalibergewehr.

„Konrad, zeig Benjamin doch mal, was wir damit machen", sagte Gunter.

Konrad strich zärtlich über den Lauf, legte an und visierte einen Hasen, der gerade seine Nase aus einem Erdloch steckte. Ich hörte einen scharfen Knall und sah, wie das Tier einen Meter durch die Luft geschleudert wurde. Zitternd blieb es liegen, verkrampfte sich und starb.

Die Zwillinge klatschten sich ab.

„Hat uns Reinhold beigebracht", sagte Konrad stolz.

„Er ist eine Zeit lang jeden Tag mit uns zum Schießen gegangen", erklärte Gunter.

„Der deutsche Mann muss sich wehren können", fügte Konrad hinzu.

„Warum hast du den Hasen abgeknallt?", fragte ich.

Konrad sah mich an. „Warum nicht? Tut er dir leid?"

„Nein", beeilte ich mich zu versichern.

„Falsch verstandenes Mitleid ist nur Schwäche und Angst vor der eigenen Beherztheit", sagte Gunter.

Konrad richtete das Gewehr auf mich.

„Bist du blöd?!", rief ich und machte einen Schritt zur Seite. Mein Herz klopfte wie verrückt und eine heiße Welle bildete sich in meinem Bauch, die immer größer wurde und meinen gesamten Körper überflutete. Mir brach der Schweiß aus.

„Bist du für uns oder gegen uns?", fragte Konrad.

„Ich bin für euch!", rief ich.

„Das muss sich erst noch rausstellen. Wenn ich den Befehl erhalten würde, würde ich dich ohne zu zögern abknallen", sagte Konrad kalt. Ich konnte sein angespanntes Gesicht hinter dem Lauf sehen.

„Du hast aber keinen Befehl", sagte Gunter grinsend und drückte das Gewehr nach unten.

Ich atmete tief ein und aus. Gunter schlug mir auf die Schulter. „Keine Angst. Wir sind ja schließlich nicht im Krieg. Noch gelten andere Regeln."

Langsam beruhigte ich mich wieder. Gunter nahm Konrad das Gewehr ab und hielt es mir hin. „Willst du mal?", fragte er. Ich nahm es zögernd in die Hände, es war schwerer, als ich gedacht hatte. „Schieß mal auf das da." Er zeigte auf ein verrostetes Schild mit einer verblichenen Windhose. Ich drückte ab, hörte das Klicken und gleichzeitig den Knall, der in meinem Ohr zu explodieren schien, dann knallte etwas Hartes gegen meinen Arm und beinahe hätte ich das Gewehr fallen gelassen. Die Luft roch säuerlich und ich hatte das Gefühl, auf etwas Ekeliges gebissen zu haben. Die Zwillinge lachten. Ich schoss noch mal und noch mal, bis ich das Schild beim vierten Mal tatsächlich traf, was ein metallisches Klirren bewies. Meine Schulter schmerzte, aber ich war stolz darauf, den Zwillingen bewiesen zu haben, dass ich kein Schwächling war. Ich sah von einem zum anderen. Mittlerweile konnte ich die beiden auseinanderhalten. Zumindest wenn sie sprachen. Gunter war der Ernstere und der Kopf der beiden. Konrad war wilder, unberechenbarer.

Wir strichen durch das Gelände, wobei die Zwillinge an manchen Stellen auf der Suche nach Munition mit den Schuhen in der Erde scharrten. „Wir müssen rausfinden, wo der Schießplatz war", sagte Gunter. „Da findet sich bestimmt noch was."

„Lass uns mal im Zwischennetz nachsehen, vielleicht ist der Platz hier katalogisiert", sagte Konrad.

„Dann nehmen wir das nächste Mal einen Spaten mit", schlug ich vor.

„Der Kleine denkt mit", sagte Gunter. Es gefiel mir, dass sie mich akzeptierten, auch wenn er mich der Kleine genannt hatte, aber sie waren schließlich zwei Jahre älter als ich.

Wir durchsuchten noch ein wenig die Gebäude, von denen viele kein Dach mehr hatten und mittlerweile von der Natur zurückerobert worden waren: Flechten wucherten in den Mauerritzen und Schwalben hatten ihre Nester in den leeren Fensterrahmen gebaut.

„Die Scheißrussen haben aber auch jedes Fitzelchen mitgenommen", sagte Konrad, der das Gewehr lässig über der Schulter trug.

„Ist ein armes Volk", erwiderte Gunter.

„Tante Jeske sagt, dass die Russen die ganzen Läden in der Umgebung leergekauft haben. Vor allem Elektrokram", warf ich ein.

„Wir werden uns unser Eigentum bald wiederholen", sagte Konrad und schlug mir lachend auf die Schulter.

Wenn die Teufel aus der Erde kriechen, wird bald die Ernte siechen _____

Der Nebel war auf meiner Seite. Wie ein Vorhang schob er sich zwischen mich und meine Verfolger und machte mich für eine Weile unsichtbar. In der Ferne hörte ich den Hund bellen, er schien meine Spur verloren zu haben.

Ich lachte sinnlos vor mich hin. Ihr kriegt mich nicht, dachte ich. Ich kannte hier in der Gegend jeden Weg, jeden Stein. Ich würde mich zu Fuß durch die Wälder und über die Felder bis zur Kreisstadt durchschlagen. Diese Schweine würden mit ihrem Verbrechen nicht durchkommen. Ich war schneller als sie. Hauptsache in Bewegung bleiben, um nicht zu erfrieren, bläute ich mir ein.

Die Geräusche der Nacht flossen in meinen Ohren zusammen: Der Schrei eines Käuzchens mischte sich mit dem Fauchen des Windes, das Rascheln der Blätter und das Knacken der Zweige mit meinen hastigen Schritten. Ich verfiel in einen leichten Trab, vor mir ragte dunkel der Wald auf. Wenn ich es bis dahin schaffte, war ich sicher. Im Wald konnte ich untertauchen, dort würden sie meine Spur verlieren.

Am nächsten Tag hörte ich von Tante Jeske, dass Uta bei Frau Narjes gewesen und ihr selbst gemischte Medizin mitgebracht hatte. Sie hatte Frau Narjes auch angeboten, sie mit dem Auto in die Kreisstadt zu fahren. Im Dorf hörte ich verschiedene Leute über Utas Besuch reden, doch eher hinter vorgehaltener Hand, als hätte es eine Wunderheilung gegeben, die man durch zu viel öffentliches Gequatsche ungeschehen machen könnte.

„Ja, stell dir vor, sie hat Frau Narjes eine Tinktur mit-gebracht, und die hat ihr so gut getan, dass sie den ganzen Tag keine Schmerzen hatte."

Fehlte nur noch, dass Frau Narjes wieder jung wurde!

Als ich am Morgen auf dem Weg zum Gutshaus war, um die Zwillinge zu treffen, kam mir Uta entgegen. „Hallo, Benjamin, ich bin auf dem Weg zu Herrn Gloger. Kannst du mir zeigen, wo er wohnt?"

Ich führte sie zu seinem Haus, und unterwegs erzählte mir Uta, dass die Tochter vom alten Gloger sie gebeten hätte, mal nach ihrem Vater zu sehen. Ich hatte den alten Gloger schon ewig nicht gesehen, er war seit Jahren bett-lägerig.

„Aber kümmert sich denn keiner im Dorf um ihn? Ihr lebt seit Jahren zusammen, ihr kennt euch. Ist euch der Herr Gloger denn egal?"

Ich hob die Schultern. Darüber hatte ich mir noch nie Gedanken gemacht. Herr Gloger hatte ja seine Tochter, auch wenn man die selten sah. Und bei Tante Jeske im Haus war so was kein Thema.

„Es ist wirklich schade, dass die Gemeinschaft nichts mehr zählt, findest du das nicht auch, Benjamin?"

„Ja", sagte ich. „Tante Jeske sagt oft, dass man im Dorf früher mehr zusammengehalten hat."

Uta sah mich aufmerksam an.

„Aber das war vor meiner Zeit", fügte ich hinzu.

„Und was glaubst du, woran das liegt?", fragte sie.

„Ich weiß nicht", sagte ich.

„Darüber solltest du mal nachdenken", sagte Uta.

Als ich mich vor Glogers Haus verabschieden wollte, überredete Uta mich, mit hineinzukommen.

Herr Gloger lag im Bett, neben ihm saß seine Tochter auf einem abgewetzten Polsterstuhl. Er war nicht ansprechbar und sah aus wie ein lederner Sack, aus dem man die Luft abgelassen hatte. Das Gesicht war von Furchen durchzogen. Nur seine tiefen Atemzüge verrieten, dass er noch lebte. Ich drückte seiner Tochter die Hand. Ich fragte sie nach ihrem Sohn Hannes, der zehn Jahre älter war als ich und in Rostock studierte. Hannes hatte mich früher immer auf seinem Moped mitgenommen. Sie erzählte ein wenig von Hannes, dass er eine Freundin habe und so weiter, während Uta Herrn Gloger versorgte, seine Verbände wechselte und ihm eine streng riechende Salbe auf die rasselnde Brust schmierte. Herr Gloger ächzte, wobei er mit seinem zahnlosen Mund nach Luft schnappte, wie ein Fisch auf dem Trockenen. Uta redete leise auf ihn ein und nach und nach wurde er ruhiger. Die beiden Frauen zogen ihm einen frischen Schlafanzug an, dann flößte ihm Uta Tee ein, den sie in ihrer Thermoskanne mitgebracht hatte.

Als wir uns verabschiedeten, nahm Glogers Tochter Utas Hand und sagte: „Vielen Dank! Sie wissen wirklich, wie man mit Kranken umgeht. Mein Vater ist immer total verkrampft, wenn die Gemeindeschwester da ist. Ich sage immer: Die war mal Schlachter in einem früheren Leben."

Uta lachte und sagte, sie werde bald wieder nach Herrn Gloger sehen.

Auf dem Rückweg zum Gutshof kamen wir am Platzhaus vorbei und Uta fragte: „Was ist eigentlich damit? Wird das gar nicht mehr genutzt?"

„Schon seit einer Weile nicht mehr", antwortete ich.

„Wie findest du die Idee, das Platzhaus wiederherzurichten? Das ganze Dorf könnte sich dort regelmäßig treffen."

Als ich sie ungläubig ansah, stupste sie mich an und sagte lachend: „Um zu feiern. Ihr Jugendlichen könntet dort Geburtstage oder Hochzeiten feiern."

„Hier heiratet doch keiner mehr", sagte ich.

Auf dem Gutshof waren die Zwillinge gerade damit beschäftigt, ihren Computer einzurichten. Rap klang blechern aus den winzigen Lautsprechern. Ich war zum ersten Mal in ihrem Zimmer, seit sie es bezogen hatten, und sah mich unauffällig um. An der Wand hing eine Deutschlandkarte, daneben ein Plakat, auf dem stand: *Fight the System – Fuck the Law.*

Auf einem niedrigen Schränkchen lag ein alter Stahlhelm, wie ich ihn aus Geschichtsbüchern kannte. Daneben standen zwei Raben aus Eisen.

„Was ist das hier für eine Scheißverbindung!", schimpfte Konrad und hämmerte auf der Computertastatur herum.

„Er kann seine Elektropost nicht lesen", erklärte Gunter lachend.

Konrad sah mich wütend an. „Ich muss unbedingt ein paar Sachen organisieren und kriege keine Verbindung." Er schlug wieder auf die Tastatur ein.

Gunter sah aus dem Fenster. „Diese Einöde den ganzen Tag vor den Augen kann einen wirklich irremachen. Hier ist ja wirklich überhaupt nichts los."

Auch wenn ich das genauso empfand, war ich ein bisschen beleidigt, schließlich sprachen sie über mein Heimatdorf. Gunter bemerkte offenbar meine Stimmung, er schlug mir auf die Schulter und sagte: „Lass uns zur Kaserne ziehen und gucken, ob wir was finden."

Diesmal nahmen wir zwei Schaufeln mit und die Gewehrtasche. Die Zwillinge erzählten mir von einer Überraschung, die sie für mich hätten, die ich aber erst auf dem Flugplatz erfahren würde.

Als wir losgingen, kamen uns Hartmut und Reinhold entgegen.

„Na, ihr seht aus, als plant ihr irgendwelche Streiche", sagte Reinhold und lachte laut. „Aber das würde ich auch tun in eurem Alter."

„Passt lieber auf", sagte Hartmut düster.

Reinhold lachte wie ein aufjaulender Motor und sagte: „Ach, lass sie doch, sind halt Burschen, die müssen sich austoben." Er nahm Gunter und Konrad spielerisch in den Schwitzkasten, rief: „Die jungen Hunde brauchen Auslauf", und zwinkerte mir dabei verschwörerisch zu. Die Zwillinge lachten und fingen an, mit Reinhold rumzubalgen.

Hartmut verzog keine Miene. „Ich will nicht, dass wieder was passiert", sagte er düster.

Reinhold und die Zwillinge hörten auf, sich gegenseitig zu schubsen, und sahen Hartmut an. „Das wird es nicht", sagte Reinhold scharf. „Die Jungs und ich haben alles geklärt. Und im Übrigen besprechen wir solche Dinge im inneren Zirkel. Du kennst die Regeln, Hartmut."

Hartmut duckte sich wie ein geprügelter Hund und grummelte vor sich hin. Die Zwillinge sahen ihren Vater nicht an.

„So, nun zieht los, Jungs, und bringt uns einen Hasen zum Abendessen mit", sagte Reinhold und gab uns einen sanften Schubs. „Und nehmt den Hund mit, vielleicht könnt ihr ihm was beibringen."

„Verdammt", fluchte Konrad und ging widerwillig zurück, um Muck zu holen. Der Hund biss spielerisch in die Leine, bis Konrad ihm einen Tritt gab.

Ich winkte Freya zu, die am Fenster stand und uns nachsah. „Vielleicht will sie mitkommen", sagte ich zu Gunter.

„Die hat andere Aufgaben", sagte Konrad verächtlich.

Unterwegs versuchte ich die Zwillinge auszuhorchen: „Was hat euer Vater denn gemeint, als er sagte, ihr sollt aufpassen?" Doch sie machten lediglich ein paar Andeutungen, von wegen, dass sie Ärger gehabt hätten, dort wo sie früher gewohnt hatten. Mehr war nicht aus ihnen rauszukriegen.

Auf dem Flugfeld angekommen, stellte Gunter die Tasche auf den Boden und öffnete mit einem Ruck den Reißverschluss. Das sirrende Geräusch erinnerte mich an einen Tiefflieger, den ich mal in einem Kriegsfilm gesehen hatte. Unwillkürlich sah ich nach oben. Gunter holte das Gewehr heraus und gab es Konrad. Dann stocherte er weiter in der Tasche herum und beförderte einen in Handtücher eingewickelten, länglichen Gegenstand hervor, den er mir feierlich überreichte. „Für dich", sagte er. Ich wickelte ihn aus und hielt ein Gewehr in den Händen.

„Ist zwar nur ein Luftgewehr, aber es ist stark und präzise. Deutsche Produktion."

Ich war überrascht, dass sie mir ein Gewehr schenkten, freute mich aber. Das hieß, dass sie mich ernst nahmen und als ihren Freund betrachteten.

Konrad nahm mir das Gewehr ab und zeigte auf den Schaft, in den Schriftzeichen eingeritzt waren. „Das sind Runen." Er fuhr mit dem Zeigefinger die geschnitzten Linien entlang. „Es heißt Ehre und Treue."

Ich machte ein paar Zielübungen mit der Waffe, dann ließen mich die Zwillinge schießen. Ich zielte auf eine Erle. Mit einem leisen Plopp schoss das Projektil aus dem Lauf und riss mit einem dumpfen Schlag ein Stück der Baumrinde weg.

„Der Junge ist ein Naturtalent", sagte Konrad und schnalzte anerkennend mit der Zunge. „So welche wie dich brauchen wir im Kampf. Wenn es so weit ist, wirst du Scharfschütze."

Ich salutierte grinsend.

Dann versuchten die Zwillinge dem Hund ein paar Sachen beizubringen. Sie wollten ihn scharfmachen, wie sie mir erklärten. Doch Muck verstand nicht das Geringste. Konrad fuchtelte mit einem Ast vor dem Hund herum und schlug ihn auch damit. „Muck, das ist ein Polack, der will uns beklauen. Der will dein Futter klauen und deine Decke." Aber Muck reagierte nicht. Sie war von einem Raubvogel abgelenkt, der gerade zum Sturzflug ansetzte.

„Vielleicht mag sie Polen", wandte ich ein. „Versucht es doch mal mit einem Franzosen oder einem Schweden." Konrad sah mich nur böse an. „Oder einer Katze?", versuchte ich es.

Konrad gab dem Tier einen Tritt und sagte zu Gunter: „Lass uns nach Munition suchen."

„Wir brauchen den Metalldetektor", sagte Gunter, als er mit dem Spaten in der Erde herumstocherte. Wir gruben an Stellen, an denen wir Munition vermuteten, fanden aber nur rostige Metallstücke. Zwischendurch schossen wir ein bisschen, wobei wir uns mit den Gewehren abwechselten. Als es dämmerte, gingen wir zurück. Der Hund war vorausgelaufen und erwartete uns bellend und schwanzwedelnd. Aus seinem Maul ragte eine stinkende Wurzel.

„Aus der wird nie ein Wachhund", sagte Gunter.

„Ist eben nicht reinrassig", meinte Konrad.

Ich blieb zum Essen. Uta schöpfte aus der riesigen Porzellanschüssel, die in der Mitte des Tisches thronte, jedem eine Kelle Suppe auf den Teller.

„Und wie läuft es bei dir?", fragte Reinhold.

„Gut", sagte ich.

„Freust du dich schon auf die Schule?"

„Geht so", beantwortete ich Reinholds Frage.

„Was macht ihr denn in Geschichte?", wollte er wissen.

„Wir haben im letzten Jahr Weimar gehabt und im nächsten Jahr kommt der Nationalsozialismus dran", sagte ich kauend.

„Ah", machte er. „Ein weites Feld."

Reinhold schwieg, nur das Geklapper unserer Löffel war zu hören.

„Du weißt schon, dass die Nationalsozialisten durch freie Wahlen an die Macht gekommen sind", sagte Reinhold nach einer Weile. „Die Deutschen wollten das."

„Ja, weil sie nicht wussten, was auf sie zukommt", sagte ich.

„Was kam denn auf sie zu?", fragte er, ohne von seinem Teller aufzusehen.

Obwohl die anderen mit Essen beschäftigt waren, hatte ich den Eindruck, dass sie auf meine Antwort warteten.

„Na, Krieg", sagte ich.

Reinhold schüttelte lachend den Kopf. „Wenn die Welt doch so einfach wäre."

„Es fing mit dem Reichstagsbrand an und endete mit dem Zweiten Weltkrieg", sagte ich.

Reinhold legte den Löffel beiseite, tupfte sich mit der Serviette die Mundwinkel ab und sagte: „Vorsicht. Behaupte nichts, was du nicht beweisen kannst. Erstens: Den Reichstag hat ein Holländer namens Marinus van der Lubbe angesteckt. Ein Kommunist. Zweitens: Hitler wollte keinen Krieg, das ist bewiesen. Den haben ihm die Alliierten, vor allem die Engländer und die Amerikaner, aufgezwungen."

Als ich etwas erwidern wollte, hob Reinhold gebietend die Hand und sagte: „Du hast bestimmt schon einmal von Rudolf Heß gehört, oder?"

Ich schüttelte den Kopf.

„Da siehst du mal, was in eurer Schule unterschlagen wird. Rudolf Heß ist 1941 nach England geflogen und hat dort ein Friedensangebot unterbreitet." Reinhold betonte jedes Wort. „Die Engländer haben das abgelehnt. Sie haben stattdessen weitergekämpft, mit dem Ziel, das deutsche Volk zu vernichten. Churchill hat einmal gesagt: ‚Wir werden Deutschland zu einer Wüste machen, ja, zu einer Wüste.'"

„Das wusste ich nicht", sagte ich.

„Die Alliierten haben Heß nach dem Krieg lebenslänglich eingesperrt. Er hat sich 1987 das Leben genommen in der Festung Spandau."

„Aber es war trotzdem eine Diktatur", wandte ich ein.

„Schon", sagte Reinhold langsam. „Aber aus gutem Grund. Stell dir vor, du wärst Bäcker. Und du weißt genau, wie du dein Brot herstellen musst, damit es schmeckt. Und jetzt kommen andauernd Leute und reden dir in deine Arbeit. Der eine will mehr Mehl, der andere will es länger backen lassen, und am Ende ist das Brot völlig misslungen." Er beugte sich über den Tisch in meine Richtung. „Genauso ist das mit der Demokratie. Manchmal ist es nicht verkehrt, dass ein Einzelner das Sagen hat. Bei den alten Römern hatte das auch seinen Sinn. In schweren Zeiten haben sie sich freiwillig einen Herrscher gewählt, der das Reich aus der Krise geführt hat. Die Demokratie verwässert das Gute, das Reine und Starke. Besondere Zeiten erfordern besondere Maßnahmen. Und wir leben in schwierigen Zeiten, da stimmst du mir doch zu?"

Ich nickte.

„Sieh dich doch um", nahm Reinhold den Faden wieder auf. „Dieses Land geht den Bach runter. Allein schon euer Dorf. Halb leer, runtergekommen, die Menschen arbeitslos. Und die Politiker interessieren sich nicht dafür. Weil sie sich lieber die Taschen vollmachen. Wir Deutsche haben uns verkauft. Wir vergessen unsere Geschichte, unsere Tradition, unsere Kultur." Seine Stimme war lauter geworden. „Alles ist schäbig und billig. Und wir sollen nur konsumieren und die Schnauze halten. Aber das wollen die Menschen nicht mehr." Er beugte sich wieder vor, wobei er seinen Löffel schwang wie einen Taktstock. „Glaubst du, das wird noch lange gut gehen? Die Leute werden wütend, sie haben Angst."

„Reinhold!", sagte Uta scharf.

„Schon gut", sagte er und lehnte sich wieder zurück.

„Aber was war mit den Juden?", fragte ich.

„Über den sogenannten Holocaust unterhalten wir uns ein andermal", sagte Reinhold und widmete sich wieder seiner Suppe.

Wir aßen eine Weile schweigend, bis Reinhold mir zuzwinkerte und fragte: „Und, wie gefällt dir unser Geschenk?"

Ich strahlte. Es war also Reinholds Idee gewesen.

„Besser, du lässt das Gewehr hier bei uns", sagte er. „Deine Tante mag es vielleicht nicht, wenn du mit so was ankommst."

Nach dem Essen schob mich Freya ins Nebenzimmer, das durch eine Flügeltür mit dem großen Saal verbunden war. Sie bugsierte mich auf einen Stuhl und befahl mir zu warten, sie würde gleich wiederkommen. Ich sah mich im Zimmer um. Außer zwei Stühlen und einem kleinen Tisch gab es noch eine Anrichte mit einer Stereoanlage. Die Wände waren kahl, an einer lehnte ein alter Bauernschrank, dessen Tür mit Schnitzereien versehen war. Als ich genauer hinsah, erkannte ich ein Muster: Es sah aus wie ein fliegender Kranich. Ich ging näher ran, jetzt erinnerte es mich eher an ein Hakenkreuz. Ich tat einen Schritt zurück und sah wieder den Kranich. Ich hatte den Eindruck, man konnte das Hakenkreuz nur aus einem bestimmten Blickwinkel erkennen. Hakenkreuze kannte ich aus dem Unterricht. In der Kreisstadt gab es außerdem ein paar Nazis, die welche auf die Arme tätowiert hatten.

In diesem Moment kam Freya zurück. Sie legte eine CD in die Stereoanlage ein. Die Fernbedienung in der einen Hand, raffte sie mit der anderen ihren Rock und setzte sich neben mich. Dabei fiel mir auf, dass sie nie etwas anderes als blaue Röcke und weiße Blusen trug, genau wie Uta, aber die war schon alt, bestimmt Ende dreißig, da fiel das nicht so auf.

„Kennst du Oswald Morgenthau?", fragte Freya und hielt mir die CD hin, während sie auf der Fernbedienung auf Start drückte. Eine akustische Gitarre ertönte aus den Lautsprechern, man hörte, wie der Musiker mit seinen Fingern über die Saiten rutschte. Dann fing er an zu singen. Freya lauschte hingerissen, ihre Lippen waren leicht geöffnet, ihre Augen schimmerten verträumt. „Ist das nicht schön?", fragte sie nach einer Weile. Ich nickte zustimmend, dabei fand ich die Musik grauenhaft. Der Sänger klang weinerlich, als hätte er Zahnschmerzen. Der Text handelte von einem, der gegen tausend Gegner kämpfen muss, und andauernd kam das Wort *Deutschland* vor.

Freya sprang zum nächsten Lied. Es wurde nicht besser. Zwischendurch nahm sie meine Hand und drückte sie, ließ aber schnell los, als Uta hereinkam.

„Oswald Morgenthau", sagte Uta und lächelte nachsichtig. „Freya ist völlig verrückt nach ihm. Ihr ganzes Zimmer hängt voller Bilder von Morgenthau."

„Mutti!", sagte Freya streng.

Uta winkte ab. „Das wird Benjamin doch früher oder später sowieso erfahren." Sie wandte sich an mich. „Ihr größter Traum ist es, einmal mit Oswald Morgenthau aufzutreten."

„Jetzt ist aber genug", sagte Freya tadelnd.

Uta ließ uns wieder allein und wir hörten der Musik zu.

„Der ist ein richtiger Star in der Szene", sagte Freya und legte den Finger auf ihre Lippen, als ich etwas erwidern wollte.

Nach dem sechsten Lied konnte ich nicht mehr. „Ich muss nach Hause", sagte ich und stand abrupt auf.

„Warte noch!", rief Freya und zog mich wieder auf den Stuhl. „Jetzt kommt mein Lieblingslied." Morgenthau sang jetzt von Gefangenschaft. Von einem Kerker, in den nie die Sonne schien. Von den Schritten des Kameraden in der Nachbarzelle, der verrückt geworden war und jetzt immer marschieren musste, von den bösen Wärtern mit den Haifischaugen. Und er träumte von einer warmen Stube und einem Mädchen: *Die Maid mit den weizenblonden Haaren / Wartet auf mich seit vielen Jahren.* Das Lied nahm kein Ende, und Freya fing an, leise mitzusingen, wobei sie mir immer wieder aufmunternd in die Rippen puffte. Ich lächelte sie an und versuchte, mir nichts anmerken zu lassen. Ich machte mir nicht so viel aus Musik wie andere in meinem Alter, aber wenn, dann hörte ich Rap und nicht so einen furchtbaren Liedermacherkram. Als das Lied vorbei war, sprang ich auf und sagte, dass ich Tante Jeske versprochen hätte, beim Einkochen zu helfen.

„Sehen wir uns morgen?", fragte Freya.

„Ich bin mit den Zwillingen verabredet", sagte ich. Freya machte ein enttäuschtes Gesicht. „Wir wollen wieder zum Flugplatz, aber wir sehen uns bestimmt danach." Sie nickte.

Auf dem Nachhauseweg dachte ich über Freya nach. Auf der einen Seite wirkte sie ernst und erwachsen, auf der anderen wie ein kleines seltsames Mädchen. Manchmal sah sie mir so durchdringend in die Augen, als wenn sie in mich verliebt wäre, aber ich war mir nicht sicher. Ich hatte noch nicht viel Erfahrung mit dem anderen Geschlecht. Einmal hatte ich mit Ria Teichmann auf einer Klassenfahrt geknutscht, aber das war auch schon alles.

Es war das letzte Wochenende vor Schulbeginn. Ich hatte erwartet, dass die Zwillinge und Freya auf dieselbe Schule wie ich gehen würden. Es war schließlich die nächste. Sie lag in der Kreisstadt und man kam mit dem Bus hin. Doch Freya erzählte mir, dass sie auf eine weiter entfernt liegende Schule gehen würden. „In Bensin ist eine Waldorfschule. Da gehen wir alle hin", sagte sie.

„Warum denn das?", fragte ich.

„Na, weil man da was über Landwirtschaft lernt und über alte Handwerke. Hast du schon mal von Rudolf Steiner gehört?"

Ich schüttelte den Kopf.

„Steiner hat schon vor achtzig Jahren über die Massenproduktion von Nahrungsmitteln geschimpft. Er hat den biologisch-dynamischen Landbau erfunden, außerdem hat er …"

In diesem Moment kam Uta dazu, und für einen Augenblick hatte ich das Gefühl, dass dies kein Zufall war. So als hätte sie um die Ecke gelauert.

„Freya!", sagte Uta streng. „Du willst Benjamin doch nicht mit so was langweilen."

Plötzlich war auch Reinhold da. „Freya", sagte er. „Wir haben das mit der Schule doch schon besprochen, nicht wahr?" Freya senkte den Kopf und nickte. „Dann geh jetzt deinen Pflichten nach." Freya schlich davon, ohne sich umzudrehen.

„Heute ist Brotbacktag", erklärte mir Uta. „Die Frauen und Mädchen machen das Brot für die ganze Woche. Das machen deine Tante und deine Cousine doch bestimmt auch so, oder?"

Ich musste zugeben, dass Tante Jeske und Onkel Rolf das Brot im Supermarkt oder vom fahrenden Bäcker kauften und dass bei uns eher wenig selbst gemacht wurde.

Uta verzog das Gesicht. „Das ist schade", sagte sie. „Gerade die Ernährung ist so wichtig."

„Und, hast du *Jörn Uhl* durchgelesen?", wechselte Reinhold das Thema.

Ich gestand ihm, dass ich in den letzten Tagen gar nicht gelesen hatte, weil ich ständig mit den Zwillingen unterwegs gewesen war.

„Das ist keine Schande", sagte Reinhold. „Jungs sind nicht für das Haus gemacht. Sie müssen rausgehen und Abenteuer erleben."

Ich nickte.

„Ich habe das Buch bestimmt schon zwanzig Mal gelesen", fuhr Reinhold fort. „Es ist eine einfache und geradlinige Geschichte, und Jörn überwindet die größten Schwierigkeiten. Das hat mich geprägt. Und er ist ein deutscher Held und nicht Batman oder James Bond. Ein einfacher Mensch ohne Superkräfte. Immer wenn ich auf Probleme stoße, denke ich an Jörn und wie er alles meistert."

„Ja, das finde ich auch toll", sagte ich.

„Und wie bescheiden er ist", sagte Reinhold, während er eine alte Kiste hochwuchtete. „Er gibt sich mit dem zufrieden, was er hat. So etwas gibt es heutzutage viel zu selten. Klein anfangen will heute keiner mehr und dann auch noch mit der Hand arbeiten. Jeder will gleich berühmt sein. Diese verdammte Konsumkultur verdirbt uns."

Ich hörte die Zwillinge nach mir rufen.

„Geh ruhig", sagte Reinhold lachend und nahm mir das Versprechen ab, das Buch bald zu Ende zu lesen, er hätte noch andere für mich.

Als ich zum Zimmer der Zwillinge hochgehen wollte, hörte ich hinter der Küchentür Uta und Freya miteinander reden. Plötzlich wurde Utas Stimme lauter und es folgte ein Klatschen. Dann war es still. Ich lauschte noch eine Weile und hatte den Eindruck, ein leises Weinen zu hören. Ich war mir aber nicht sicher, es hätte genauso gut der Wind sein können.

Die Zwillinge waren bester Laune. Sie hatten den Metalldetektor gefunden und sprachen davon, damit jede Menge Munition entdecken zu können. Auf dem Weg zum Militärgelände jagten wir uns gegenseitig durch den Wald und lachten.

Anfangs schossen wir ein wenig auf alte Schilder, bevor Gunter den Detektor benutzte und sofort fündig wurde. „Das könnte eine 5,45er sein." Er hielt eine verdreckte Messinghülse hoch.

„Gib mal her", sagte Konrad, riss sie ihm aus der Hand und drehte die Patrone vor seinen Augen. „Stimmt", sagte er und pfiff durch die Zähne. „Davon brauchen wir noch mehr."

Gunter ließ den Detektor kreisen und in kürzester Zeit buddelte er elf Patronen aus dem Boden.

„Und was macht ihr damit?", fragte ich.

Gunter und Konrad sahen sich an. „Sammeln", sagten sie wie aus einem Mund. Ich fragte nicht weiter nach, mir war schon klar, dass sie sich für Waffen und Militär begeisterten. Das fand ich nicht ungewöhnlich. Aus der Schule kannte ich eine Menge Leute, die *Counterstrike* und Ähnliches am Computer spielten. Gunter und Konrad spielten das eben real. Dazu passte auch Konrads Vorschlag, durch den Wald zu robben, zu schießen und so zu tun, als wären wir Partisanen.

Gunter schlug vor, dass einer von uns einen Polen spielen sollte. Die anderen beiden wären Soldaten und müssten ihn jagen, wobei Schüsse mit dem Luftgewehr erlaubt wären. Da ich mich in der Gegend besser auskennen würde, sollte ich der Pole sein. Ich sträubte mich, aber die Zwillinge lachten nur und ließen meinen Einspruch nicht gelten. Sie gaben mir zehn Minuten Vorsprung. Ich grinste vor mich hin, als ich in meinem Versteck hockte, unter dem Stamm einer großen umgestürzten Erle. Sie würden mich nie im Leben finden. Da hörte ich ein leises Plopp und im selben Augenblick spürte ich einen nadelscharfen Schmerz an meinem Oberschenkel.

Die Zwillinge lachten, sie hatten auf mich geschossen. „Komm raus, Polack!", rief Konrad, das Luftgewehr auf mich gerichtet. „Mit erhobenen Händen."

Ich tat, was sie verlangten.

„Sollen wir ihn gleich hier exekutieren?", fragte Konrad seinen Bruder.

„Wie habt ihr mich so schnell gefunden?", fragte ich und ließ die Arme sinken.

„Halt's Maul, du Rassenschwein!", schrie Konrad und stieß mir den Gewehrkolben in den Rücken.

„Gemach", sagte Gunter und redete auf seinen Bruder ein, dessen Unterlippe zitterte und der wild umherblickte, als wären unsichtbare Verfolger hinter ihm her. Nach einer Weile beruhigte er sich wieder und schlug mir freundschaftlich auf die Schulter. „War nur Spaß."

Als Spaß hatte ich das nicht empfunden, Konrad hatte mir Angst gemacht. Ich hatte genug von ihren Späßen, sagte, dass ich nach Hause müsse, und ging.

„He!", rief Gunter hinter mir her. „Bist du beleidigt?"

Sie kamen hinter mir hergelaufen. „Kann ja nicht ahnen, dass du so eine Mimose bist", sagte Konrad entschuldigend, schlug mir auf die Schulter und hielt mir die Hand hin. Ich schlug ein.

Unterwegs machten sie Witze. Ich fragte sie nach ihrer Mutter und wie sie gestorben war. Augenblicklich wurden die Zwillinge ernst und wortkarg. Den Rest des Weges legten wir schweigend zurück.

Im Dorf fielen mir die Zettel auf, die überall hingen:

Aktion Platzhaus

Liebe Dorfbewohner,
wir möchten das Platzhaus wiederherrichten, damit es wie früher eine Begegnungsstätte für Jung und Alt wird. Wir wollen uns am Sonntag um 10 Uhr am Platzhaus einfinden.
Jeder möge Besen, Eimer, Wischmop etc. mitbringen.
Zur Stärkung gibt es selbst gemachte Kartoffelsuppe und selbst gebrannten Korn.
Wir freuen uns auf euer Kommen!

Eure Herrenhausbewohner

Die Zwillinge fragten, ob ich noch mit zu ihnen gehen würde, doch ich wollte lieber nach Hause.

„Aber du kommst doch zur Aktion Platzhaus?", fragte Gunter.

„Sicher", sagte ich und verabschiedete mich. Konrad war mir ein wenig unheimlich geworden.

Zu Hause fragte ich Tante Jeske, ob sie die Zettel gesehen hätte. Sie geriet in Fahrt: „Die spinnen doch wohl. Die kommen hierher und denken, sie könnten alles umkrempeln. Erst machen sie sich bei Frau Narjes lieb Kind, und dann bei Glogers."

„Und jetzt wollen sie uns alle einseifen mit ihrer Tour", sagte Onkel Rolf, der gerade hereinkam.

„Ich putze genug den lieben langen Tag, da muss ich nicht noch am Wochenende das Platzhaus schrubben."

„Aber es ist doch für uns alle", gab ich zu bedenken.

„Wann hat denn mal einer was für uns getan?", fragte Tante Jeske. „Denkt doch jeder nur noch an sich. Nee, ich will damit nichts zu tun haben."

„Aber es ist doch eine gute Idee", sagte ich.

„Für wen denn?", fragte Tante Jeske. „Für die vielleicht. Im Dorf macht da keiner mit, das habe ich schon gehört."

„Kommen einfach hierher", murmelte Onkel Rolf.

„Ich geh hin", sagte ich entschlossen.

„Das ist jetzt wohl deine neue Familie", sagte Tante Jeske. „Warum ziehst du nicht gleich rüber? Kommst ja sowieso nur noch zum Schlafen."

„Du wolltest doch, dass ich denen helfe", sagte ich.

„Da nimmt man den Jungen auf, erzieht ihn wie sein eigenes Kind, und das ist der Dank", sagte Tante Jeske zu Onkel Rolf.

Ich winkte ab und verzog mich auf mein Zimmer. Das kannte ich schon von meiner Tante: Sie musste aus allem ein Drama machen. Auf dem Bett ausgestreckt, stellte ich mir vor, tatsächlich auf dem Gutshof zu leben. Und dass Uta und Reinhold meine Eltern wären. Sie waren so unkompliziert und dachten nicht ständig daran, für ihre Freundlichkeit eine Gegenleistung zu bekommen. Bei Tante Jeske und Onkel Rolf war ich nur geduldet und ich war mir sicher, dass sie die Tage zählten, bis ich endlich ausziehen würde.

Ich nahm mir *Jörn Uhl* vor und fühlte mich wie der Romanheld, der genauso übel von seiner eigenen Familie behandelt wurde. Ich musste auch an Reinhold denken, der das Buch zwanzig Mal gelesen hatte. Vielleicht war Reinhold ebenfalls ein Waisenkind und verstand mich deshalb so gut.

Als es zaghaft an meine Tür klopfte, reagierte ich nicht. Sollte Tante Jeske doch ein bisschen schmoren, beschloss ich und las weiter.

Doch es war Veronika, die unaufgefordert den Kopf zur Tür reinsteckte. „Ich glaube, ich gehe da morgen hin", sagte sie.

Ich legte überrascht mein Buch weg.

„Ich finde, das ist eine gute Idee mit dem Platzhaus. Hier gibt es doch sonst nichts." Sie sah mich herausfordernd an, als müsste ich ihr widersprechen.

„Ja", sagte ich nur. Ausgerechnet von Veronika hätte ich das am wenigsten erwartet.

„Dann gehen wir zusammen nach dem Frühstück los?", fragte sie. Ich nickte, dann sagten wir uns Gute Nacht und Veronika verschwand in ihr Zimmer. Ich nahm mein

Buch wieder auf. Scheinbar war diese Familie noch nicht ganz verloren.

Ich war überrascht. Das halbe Dorf war da, um das Platzhaus herzurichten. Uta und Reinhold begrüßten jeden mit Handschlag und wiesen ihm eine Aufgabe zu.

„Benjamin, schön, dass du da bist", sagte Reinhold zu mir, was mich ein bisschen stolz machte, weil Veronika große Augen bekam.

„Die mögen dich ja wirklich", flüsterte sie mir zu. „Ich dachte immer, du wärst so eine Art Freak, der mit niemandem klarkommt." Ich sah sie fragend an. „So ein Typ, der mit fünfzig immer noch allein lebt und vor dem Fernseher stirbt, mit einem Buch in der Hand. Und die Nachbarn finden die Leiche dann zwei Wochen später, weil es im ganzen Haus stinkt." Sie verzog angeekelt den Mund.

„Vielen Dank", sagte ich. „Und bei dir denke ich immer, du wirst mit neunzehn Mutter, alleinerziehend, und endest als Supermarktkassiererin, während dein missratener Sohn eine mehrjährige Haftstrafe wegen Drogen absitzen muss."

Veronika lachte. Ich hatte gar nicht gewusst, dass sie Humor besaß.

Ich sah mich um und grüßte ein paar Leute. Paul von gegenüber lief im Blaumann mit einem Eimer voller Schutt herum und fragte Hartmut, wo er ihn abladen solle. Hartmut machte wie immer ein finsteres Gesicht und wies wortlos auf einen Container vor dem Fenster. Die Zwillinge schwangen mit nackten Oberkörpern und hochroten Gesichtern riesige Vorschlaghämmer, um eine

Wand umzuhauen. Frau Scheumann wienerte die ehemalige Ladentheke mit Laugenwasser, das in dicken Bahnen auf den Boden strömte und kleine Pfützen bildete. Das Ehepaar Reschke schrubbte die Wände mit großen langstieligen Bürsten. Selbst die Kleinen fassten mit an und schleppten Werkzeuge und Schutteimer.

Ich bekam von Reinhold die Aufgabe, den Steinhaufen der Zwillinge abzutragen. Eifrig machte ich mich an die Arbeit, als ich die Tür klappen hörte und vertraute Stimmen vernahm. Erst konnte ich sie nicht einordnen, dann durchfuhr es mich: Tante Jeske und Onkel Rolf. Ich unterbrach meine Tätigkeit und sah hoch. Da standen sie tatsächlich, in Arbeitskleidung, und unterhielten sich mit Uta und Reinhold. Kurz darauf hatten sie sich in die Schar der Arbeitenden eingereiht und putzten und scheuerten, als ginge es um ihr Leben. Immer mehr Leute aus dem Dorf kamen und arbeiteten mit, und wer das nicht tat, brachte etwas zu essen und zu trinken vorbei.

In der Pause saßen alle in kleinen Grüppchen zusammen und unterhielten sich und lachten. Ich hatte die Leute schon lange nicht mehr so ausgelassen gesehen. Am späten Nachmittag, es dämmerte bereits, waren wir fertig. Das Platzhaus erstrahlte in neuem Glanz. Herr Timoscheit, der Elektriker, hatte die Lichtanlage repariert und alle machten „Ah", als das Licht nach so langer Zeit wieder anging. Auf dem Tresen war ein Buffet aufgebaut. Es gab selbst gebackenes Brot, Mettwurst, geräucherten Fisch, kalten Braten, Kuchen, sauer eingelegtes Gemüse, Käse, Schinken und einen Rest von der Kartoffelsuppe. Bier für die Männer, Wein für die Frauen. Uta huschte mit einer großen Kanne dampfenden Tees umher und bot jedem eine Tasse an. „Das ist Kampfertee. Wirkt wahre Wunder gegen Erschöpfung."

Ich sah in müde, aber doch zufriedene Gesichter. Selbst Tante Jeske und Onkel Rolf waren entspannt und unterhielten sich leise mit Heinzmanns. Als Freya ihre Gitarre auspackte, wurde es ruhig. Sie spielte erst ein paar Volkslieder, die die meisten kannten und anfangs leise, dann lauter mitsangen. Dann spielte sie ein Lied von diesem Oswald Morgenthau und anschließend eine Eigenkomposition, wie sie erklärte. Es ging um eine Idee, die wie ein Leuchten in der Nacht zu den Leuten kommt und ihr Leben verändert. Freya spielte gut, aber der Text war ziemlich peinlich, wie ich fand. Den Erwachsenen schien es zu gefallen, sie applaudierten lange. Dann schenkte Reinhold Schnaps aus, die Erwachsenen nahmen ihre Gespräche wieder auf, Paul begann Witze zu erzählen, die Herr Reschke kommentierte, was noch lustiger war als der eigentliche Witz. Freya und Veronika unterhielten sich angeregt.

Niemand hatte den Neuankömmling reinkommen sehen, der plötzlich mitten unter uns stand und seine Kapuze tief ins Gesicht gezogen hatte.

„Georg!", sagte Tante Jeske überrascht, worauf die Gespräche verstummten. Georg schob sich mit einer fließenden Bewegung die Kapuze vom Kopf.

Reinhold stand auf. „Herzlich willkommen", sagte er und hielt Georg die Hand hin, die dieser ignorierte und stattdessen in die Runde sah. Als er mir zunickte, schämte ich mich für Georg, weil er so feindlich wirkte. Ein paar Dorfbewohner grüßten ihn, aber er erwiderte ihren Gruß nur mit einem leichten Kopfnicken.

„Das ist aber schön, dass wir uns mal kennenlernen", sagte Uta und hakte sich bei Georg ein. „Ich habe schon viel von Ihnen gehört. Ich habe sogar daran gedacht, Sie mal zu besuchen. Ich mache selber Töpferarbeiten und hätte gern mal das Urteil eines Fachmannes eingeholt."

„Ich mache keine Töpferarbeiten", sagte Georg nur und trank den Schnaps, den Reinhold ihm gereicht hatte. Die Stimmung war seit Georgs Ankunft deutlich gesunken. Viele im Dorf kamen mit seiner schroffen Art nicht klar. Er sagte immer, was er dachte. Seine Frau war anders gewesen: nett und bei allen beliebt. Ein bisschen wie Uta, jemand, der sich um andere kümmerte. Georg trank noch einen Schnaps, dann verschwand er wieder und alle atmeten auf, als hätte sich eine dunkle Regenwolke verzogen.

Als alle ein bisschen betrunken waren, holte Paul seine Ziehharmonika und spielte eine Melodie, in die Freya mit der Gitarre einfiel. Ich traute meinen Augen nicht, als Tante Jeske und Onkel Rolf anfingen zu tanzen. Bald taten es ihnen andere Paare nach. Uta und Reinhold standen, sich in den Hüften wiegend, am Rand der Tanzfläche und sahen den anderen zu. Mir kamen die beiden vor wie stolze Eltern, deren Kinder den Schulabschluss geschafft hatten.

Es war spät an diesem Abend, als ich mit Veronika, Tante Jeske und einem singenden Onkel Rolf nach Hause ging. Vor dem Zubettgehen schenkte uns Tante Jeske in der Küche noch ein Glas Sekt ein. „Ausnahmsweise", sagte sie und prostete mir zu.

Vor dem Schulgebäude begrüßten mich Timon und Rico aus meiner Klasse. Sie waren die Einzigen, die auch gern

Bücher lasen und mit denen ich hin und wieder ein paar Worte wechselte. Die meisten Mitschüler interessierten mich nicht und ich hielt mich weitgehend aus ihren Angelegenheiten raus. Dafür wurde ich auch nie auf die Partys eingeladen, von denen der Rest der Klasse dann am Montagmorgen schwärmte. Was mich ziemlich kalt ließ, obwohl ich Mandy Meissners Striptease sehr gern gesehen hätte.

„Bei euch im Dorf geht's ja ziemlich ab", sagte Timon. Rico nickte dazu.

„Was meinst du?", fragte ich.

„Die Neuen", antwortete er. „Das spricht sich rum. Die sollen nett sein."

Ich nickte. „Ja, das sind sie. Und sie haben gute Ideen."

Rico nickte wieder, als hätte er das schon lange gewusst.

Sogar im Deutschunterricht waren die neuen Bewohner des Gutshofes ein Thema. Herr Brüggemann sagte: „Das ist schön, dass diese anämische Gegend endlich frisches Blut bekommt. Meine Frau hat mit einem sehr netten Ehepaar gesprochen, das bei ihr eingekauft hat", sagte er an mich gewandt. Seine Frau betrieb einen Öko-laden.

„Bestimmt Uta und Reinhold", sagte ich stolz.

Brüggemann nickte bedächtig. „Vor allem, dass sie Bio-Landwirtschaft betreiben wollen, gefällt mir. Davon sollte es viel mehr hier bei uns geben." Brüggemann war Voll-zeit-Öko, trug immer Sandalen, im Winter mit dicken Wollsocken, und engagierte sich in verschiedenen Um-weltgruppen. Er konnte stundenlang über die Germanen reden, weshalb wir ihn hinter seinem Rücken auch den *Vandalen in Sandalen* nannten. Odin, Thor und die ganze Götterwelt hatten es ihm angetan. Er hatte sogar ein schmales Büchlein darüber geschrieben, das aber nicht in einem richtigen Verlag erschienen war und das er bei Schulfesten immer wieder neben dem Dinkelkuchen seiner Frau zum Verkauf auslegte. In den Ferien zog er mit seiner Familie los und lebte wie vor zweitausend Jahren. Er hatte uns mal Bilder mitgebracht: Brüggemann und seine Frau in braune Säcke gehüllt, vor einer Hütte aus Weidenruten und Lehm. Einmal hatte er Runen an die Tafel gemalt und uns ihre Bedeutung erklärt. Wenn wir konnten, lenkten wir Brüggemann immer in Richtung Germanen. Man musste nur ein paar Stichworte fallen lassen und er redete die ganze Stunde über nichts anderes.

„Eure neuen Nachbarn haben meiner Frau erzählt, dass sie eine Initiative gegen Genmais unterstützen", sagte Brüggemann und zeigte auf mich. Und schon waren wir mitten drin in einem seiner weiteren Lieblingsthemen: genmanipulierte Lebensmittel.

Am Nachmittag ging ich zum Gutshof und traf als Erstes Freya. Die Zwillinge seien noch in der Schule, erzählte sie mir. Ich fragte sie über ihren ersten Schultag aus, doch sie war wortkarg und wechselte schnell das Thema. Stattdessen überraschte sie mich mit einer CD von Oswald Morgenthau, die sie mir gebrannt hatte. Ich versprach ihr, sie mir zu Hause anzuhören, als Uta mich bat, in die Küche zu kommen. Reinhold saß am Küchentisch und bastelte an einem Radio herum, dessen Eingeweide über den Tisch verstreut lagen.

„Selbst ist der Mann", sagte er zur Begrüßung. „Heutzutage wird alles gleich weggeschmissen und neu gekauft.

Aber dass das alles aus Asien oder irgendwelchen zweifelhaften Ländern kommt, wollen die Leute nicht wissen. Dass deutsche Arbeiter deswegen arbeitslos werden, interessiert die auch nicht, Hauptsache es ist billig. Setz dich doch", forderte er mich auf und wies auf einen Stuhl.

„Wie war dein erster Schultag?", fragte Uta und stellte mir einen dampfenden Tee hin, dessen Geruch an zerkochte Pilze erinnerte.

„Gut", sagte ich und erzählte von Brüggemanns Begeisterung.

Uta lächelte. „Hast du Hunger?", fragte sie.

Ich sagte, dass ich zu Hause schon gegessen hätte.

„Wir wollten mal mit dir reden", begann Reinhold, ohne von seiner Tätigkeit aufzusehen.

Mir wurde etwas mulmig. Vielleicht hatten sie die Nase voll davon, dass ich in ihrem Haus ein und aus ging, oder waren der Meinung, dass ich zu viel Zeit mit ihrer Tochter verbrachte.

„Bist du eigentlich zufrieden mit deinem Leben?", fragte Reinhold, während er ein winziges Schräubchen in das Gehäuse drehte.

„Äh, ja", sagte ich verdutzt.

„Aber du wünschst dir doch bestimmt, dass hier mehr passiert, oder?", fragte er weiter.

Ich stimmte ihm zu.

„Hast du denn eine Idee, was man machen könnte?", fragte Uta. Doch ehe ich antworten konnte, sprach sie weiter: „Wir legen, wie du ja sicherlich schon bemerkt hast, Wert auf eine gute und starke Gemeinschaft. Wir finden es schade, dass Deutschland ein Land geworden ist, in dem jeder nur noch an sich denkt. Es ist wichtig, das Gemeinschaftsgefühl zu stärken, so wie es früher war und dem deutschen Wesen entspricht." Uta legte ihrem Mann die Hand auf die Schulter, der jetzt sagte: „Wir haben über Jahrhunderte in einer starken Volksgemeinschaft gelebt, erst seit der Niederlage '45 ist das anders. Seitdem rennen wir den Amerikanern mit ihrer Plastikmüll-Kultur hinterher." Ich verstand nicht, worauf die beiden hinauswollten. Das merkte Reinhold anscheinend, denn er winkte ab und sagte: „Die Aktion mit dem Platzhaus kam gut an im Dorf, oder?"

Ich nickte eifrig. „Tante Jeske und Onkel Rolf waren total begeistert. Aber auch die anderen, Paul war ..."

„Eine Gemeinschaft kann nur funktionieren, wenn alle mitziehen", unterbrach mich Reinhold. „Ein einziges schwarzes Schaf kann die ganze Herde zerstören. Und deswegen ist es wichtig, dass wirklich alle an einem Strang ziehen." Er sah mich prüfend an. „Und jetzt kommst du ins Spiel." Er senkte die Stimme, als hätte er Angst, jemand könnte mithören. „Wir kennen die Leute hier noch nicht so gut. Du kennst sie viel besser. Wir möchten sie aber auch gern besser kennenlernen. Wir wollen schließlich gemeinsam mit ihnen leben und wir wollen etwas für das Dorf tun. Uns einbringen. Als Außenstehender ist das nicht leicht, der Menschenschlag hier ist ...", er sah seine Frau an, „... etwas schwierig. Und es wäre schön, wenn du deine Augen und Ohren ein bisschen offenhalten und uns berichten könntest, was die Leute so reden."

„Du sollst sie nicht aushorchen", fiel Uta ein. „Aber vielleicht gibt es ja auch den einen oder anderen, der uns gar nicht mag. Es wäre einfach gut zu wissen, wem man vertrauen kann und wem nicht."

„Und dass wir dir vertrauen können, Benjamin, hast du ja längst bewiesen", sagte Reinhold. „Wir sind stolz, dich zum Freund zu haben."

Ich bekam eine Gänsehaut, wurde rot und wusste nicht wohin mit meinen Händen.

„Prost!", sagte Reinhold und stieß mit seiner Teetasse gegen meine. Wir tranken, und der ekelhafte Geschmack des Tees fiel mir plötzlich gar nicht mehr auf.

Da die Zwillinge noch immer nicht nach Hause gekommen waren, ging ich noch einmal zu Freya, die vor dem Spiegel saß und Gitarre spielte. Als sie mich sah, legte sie das Instrument beiseite und strahlte mich an. „Komm mit auf den Dachboden", sagte sie und zog mich an der Hand zur Treppe. Eigentlich wollte ich lieber unten auf die Zwillinge warten, aber Freya ließ nicht locker und so folgte ich ihr widerwillig.

Wir standen in dem dreckigen Flur, durch die Dachfenster fiel spärliches Licht und tauchte Freyas Gesicht in ein staubiges Grau. Sie kam mit ihrem Gesicht ganz nah an meines. „Ich habe hier oben ein Versteck", sagte sie leise, nahm meine Hand und führte mich in einen der Verschläge, in dem das eiserne Bettgestell stand, auf dem jetzt eine Matratze lag. Der Raum war sauber, und an der Schrägwand prangte ein riesiges Plakat von Oswald Morgenthau, der uns, mit der Gitarre unter dem Arm, blöde angrinste. Freya setzte sich auf die Matratze und klopfte auf den Platz neben sich. Ich setzte mich.

„Sieh doch mal", sagte sie. „Ist das nicht schön?" Freya wies auf das Fenster, hinter dem die Sonne fett und aufgedunsen aussah. Sie machte es sich auf dem Bett bequem und lehnte ihren Kopf gegen das nackte Gestell. Dann sah sie mich erwartungsvoll an, und so legte ich mich neben sie.

Wir starrten eine Weile wortlos aus dem Fenster, als sie plötzlich fragte: „Hast du schon mal geküsst?", und sich im gleichen Moment über mich beugte und ihre Lippen auf meine presste. Ich war zu überrascht, um ihren Kuss zu erwidern, und murmelte, ich müsse jetzt gehen, ich sei mit den Zwillingen verabredet. Doch Freya ließ nicht locker, sie leckte mit ihrer Zungenspitze über meine Nase und meine Wangen und hinterließ dort einen feuchten Film, wie die Schleimspur einer Schnecke. Ich murmelte ein paar Ausflüchte, schob mich unter ihr weg und lief nach unten.

Auf der Treppe fragte ich mich, was mit mir los war. Ein hübsches Mädchen interessierte sich für mich und ich ergriff die Flucht. Stimmte etwas nicht mit mir? Ich fand Freya süß. Vielleicht ging mir das alles zu schnell, überlegte ich. Vielleicht war es ihre Art, mich zu überrumpeln. War ich mit Freya zusammen, hatte ich immer das Gefühl, der Unterlegene zu sein. Sie hatte etwas Unberechenbares. Ich nahm mir vor, das nächste Mal nicht einfach abzuhauen.

Als ich die Haustür öffnete, sah ich, wie die Zwillinge und ein Junge, den ich noch nie gesehen hatte, aus Hartmuts Auto stiegen. Sie schulterten ihre Bundeswehr-Rucksäcke, tuschelten und lachten. Ich ging ihnen entgegen. „Gehen wir heute wieder auf den Flugplatz?", fragte ich, doch sie beachteten mich kaum. Der andere Junge sah mich feindselig an. „Vielleicht finden wir ja wieder Munition", versuchte ich es noch einmal.

„Was bist du denn überhaupt für einer", blaffte mich der Junge an. Er hatte eine Tätowierung am Hals, die aussah wie eine gespiegelte Eins.

Gunter und Konrad lachten. „Lass mal", sagte Gunter, „das ist unser Kamerad Benjamin." Er wandte sich an mich. „Lass dich von Thure nicht einschüchtern. Er bellt zwar viel, beißt aber nur auf Befehl." Thure ignorierte mich und schleppte seinen Rucksack ins Haus. „Wir gehen gleich los!", rief mir Gunter zu und forderte mich auf, in der Halle zu warten, während die drei nach oben verschwanden. Ich setzte mich auf einen wackligen Stuhl und fühlte mich ausgegrenzt. Was für Geheimnisse hatten die drei vor mir?

Nach einer Weile kamen sie lachend die Treppe runtergepoltert und wir gingen los.

Auf dem Weg zum Flugplatz sah ich, dass Thure ein langes Messer an seiner Armeehose trug. Die Zwillinge hatten die Tasche mit den Gewehren und dem Metalldetektor dabei. Über das Gelände pfiff ein kalter Wind und ein dunstiger Regenschleier verschlechterte die Sicht. Ich hatte meine warme Jacke an, während die anderen drei Kapuzenpullis trugen. Trotzdem schienen sie nicht zu frieren.

„Heute werden wir strategischer vorgehen", sagte Gunter. „Einer wird Munition suchen, während zwei Schießübungen machen und der vierte Felderkundung."

„Können wir nicht einfach wieder irgendwas spielen?", fragte ich.

Thure sah mich verächtlich an. „Das ist kein Spiel, das ist blutiger Ernst. Es geht um unsere Heimat, um unser Volk."

Ich wusste nicht so recht, ob er Spaß machte, und nickte nur.

Gunter teilte uns ein: Er nahm den Metalldetektor, während Konrad und ich Schießübungen machten und Thure das Gelände erkundete und zeichnete. Ich war unkonzentriert und traf nur zweimal. Konrad warf mir vor, mich zu wenig auf die Waffe einzulassen. Ich versuchte es und schoss wieder daneben. Nach einiger Zeit übernahm ich die Munitionssuche, fand aber kein einziges Stück, weil ich nicht richtig kapierte, wie der Detektor funktionierte. Als ich mit Felderkundung dran war, erklärte mir Gunter: „Wir werden das Areal kartografieren. Wir müssen genau wissen, was wo ist."

Ich skizzierte das Gelände mit all seinen Erhebungen und Senken, mit allen Gemäuern und Hangars. Die Arbeit machte mir am meisten Spaß, ich hatte schon immer gern und ausführlich gezeichnet.

Gunter lobte mich dafür und zeigte den anderen die Skizzen. „Der Junge hat Talent. Ich schlage vor, dass er von jetzt an unser Kartograf ist." Selbst Thure schien so etwas wie Respekt zu zeigen.

Am Ende des Tages robbten wir noch ein bisschen durch den Sand, suchten Deckung und sprangen über ein paar niedrige Mauern, hinter denen wir uns gleich wieder fallen ließen. Das machte mir keinen großen Spaß und ich war mehrmals kurz davor, nach Hause zu gehen. Aber ich wollte mir vor den anderen keine Blöße geben.

Als ich nach Hause kam, waren Tante Jeske und Veronika gerade dabei, sich die Jacken anzuziehen. Auf meinen fragenden Blick sagte Veronika: „Wir gehen ins Platzhaus. Uta ..."

„... will uns ein paar alte Handarbeitstechniken beibringen", fiel ihr Tante Jeske ins Wort.

„Und außerdem hat sie vor, eine ...", sagte Veronika schnell, bevor Tante Jeske noch mehr Neuigkeiten verraten konnte.

„So ein Quatsch!", fuhr Tante Jeske dazwischen. „Du musst nicht jeden Unsinn wiederholen", sagte sie zu Veronika.

„Aber Uta hat doch ..."

„Ach was!", sagte Tante Jeske und machte eine wegwerfende Handbewegung.

Jetzt war ich neugierig geworden. „Was will Uta?", fragte ich.

„Eine ...", begann Veronika.

„... eine Volkstanzgruppe gründen", führte Tante Jeske den Satz fort, der es augenscheinlich peinlich war, dass sie dabei war, sich mit den Gutshöflern anzufreunden.

„Ich dachte, du könntest die Bewohner des Gutshofes nicht ausstehen", ärgerte ich Tante Jeske.

„Na ja, das kann ich auch nicht", sagte sie spitz, „aber sie geben sich Mühe, sich in die Gemeinschaft einzufügen, und ..." Als sie mein spöttisches Gesicht sah, verstummte sie und gab mir einen Klaps auf die Wange. „Und du, versuch nicht immer schlauer zu sein als der Rest. Wer hoch steigt, wird tief fallen." Dann zog sie Veronika hinter sich her und die Tür klappte hinter ihnen zu.

Onkel Rolf steckte das Gesicht aus der Küchentür, er kaute auf einem Leberwurstbrot. „Sind sie weg?", fragte er. Ich nickte. Das war für Onkel Rolf das Zeichen, sich ein Bier aufzumachen. Ich hörte ihn in der Küche schlucken und rülpsen.

„Sag mal, Ben!", rief er und steckte wieder den Kopf aus der Küche. „Du bist ja viel mit den Neuen zusammen."

„Mhm", machte ich.

Er verschwand wieder und ich hörte ihn noch ein Bier aufmachen. „Die machen ja eigentlich alle einen guten Eindruck, aber dieser eine ist ein bisschen komisch", rief er aus der Küche. „Der Dunkelhaarige!", fügte er hinzu. Er meinte Hartmut. „Was ist denn mit dem los? Der sieht aus, als hätte er ein Magengeschwür."

„Keine Ahnung", sagte ich. „Eigentlich ist er ganz nett." Dabei fand ich Hartmut eher unheimlich. Ich hatte keine Ahnung, was in ihm vorging.

„Aber immer noch besser, als wenn Ausländer kommen oder Drogensüchtige."

Bleib zu Haus und koch den Brei,
so kommst du nicht in Zankerei _____

Die kahlen Kronen der Bäume ragten wie riesige Knochen-
finger vor mir auf. Anfangs war ich vollkommen orientie-
rungslos. Ein paarmal hatte ich sogar den Eindruck, zurück
in Richtung Dorf zu gehen. Ich traute mich nicht zu ren-
nen, aus Angst, zu stürzen und mir den Fuß zu verstauchen
oder Ähnliches. Das wäre mein Ende gewesen. Trotz der
Kälte schwitzte ich. Lungenentzündung, dachte ich plötz-
lich. Was ist, wenn du dir eine Lungenentzündung holst?
Im gleichen Moment musste ich aber über mich selber
lachen.

Das war ja nun mein geringstes Problem.

Ich zwang mich, in Bewegung zu bleiben, und versuchte
möglichst lautlos zu sein. Plötzlich prallte ich an einen
Zaun und stieß mir das Knie. Leise fluchend unterdrückte
ich einen Schmerzensschrei. Der Zaun schützte eine Scho-
nung. Ich kletterte hinüber und setzte meinen Weg fort. Ich
war jetzt weit weg von jeder menschlichen Behausung und
doch hatte ich mehrmals den Eindruck, nicht weit von mir
entfernt Stimmen zu hören und einmal auch das Bellen des
Hundes. Ich rannte, stolperte ein paarmal, bis ich atemlos
stehen blieb, mich gegen einen Baum lehnte und langsam
daran herunterrutschte. Nur ein bisschen ausruhen, dachte
ich. Nur fünf Minuten.

Ich vergrub den Kopf zwischen meinen Knien. Wie hatte
ich mich nur so täuschen lassen können? Ich war doch kein
Dummkopf. Mir erschien es völlig unverständlich, dass ich
vor Kurzem noch auf ihrer Seite gewesen war, ihren Wahn-
sinn geteilt hatte.

Die Tage vergingen wie im Flug, und da in der Schule einige Tests anstanden und ich in einigen Arbeitsgruppen mitmachte, hatte ich nicht viel Zeit für meine Freunde im Gutshaus.

Aber das war nicht der einzige Grund, warum ich mich rarmachte. Es war mir unangenehm, Freya unter die Augen zu treten, und auch wenn ich mich darüber freute, dass Uta und Reinhold mich ins Vertrauen gezogen hatten, hatte ich doch Bauchschmerzen, wenn es darum ging, die Dorfbewohner auszuhorchen.

Manchmal sah ich von meinem Fenster aus, wie die Zwillinge mit Gewehr und Detektor beladen zum Flugplatz zogen. Wenn ich sie über die Wiesen gehen sah, hatte ich große Lust, mich ihnen anzuschließen – außer wenn Thure dabei war.

Und auch Freya spukte öfter durch meine Gedanken, als mir lieb war.

Eines Abends standen die Zwillinge vor der Tür. Ich war überrascht, sie hatten mich noch nie besucht.

„Was ist denn los?", wollte Gunter wissen. „Du lässt dich ja kaum noch blicken."

Konrad stürzte sich sofort auf meinen Computer. „Hast du hier eine bessere Verbindung?", fragte er.

Ich hob die Schultern. „Ist okay", sagte ich.

Gunter trug ein T-Shirt mit einem Raben, unter dem der Satz stand: *Ich fresse am liebsten Demokröten.*

Sie hatten ein in Packpapier eingeschlagenes Geschenk für mich dabei. Es war weich und nachgiebig. „Wird dir gefallen", sagte Gunter.

Und tatsächlich. Ich zog den schwarzen Kapuzenpulli sofort an und betrachtete mich vor dem Spiegel. Auf der

Brust klebte ein blutrotes Logo, das ich zwischen zwei Finger nahm und zu mir herumdrehte, um es genauer anzusehen.

„Das ist ein Storch", sagte Konrad. „Wer den trägt, gehört dazu."

Gunter schob Konrad zur Seite und setzte sich an meinen Computer. „Ich hab neulich Kontakt zu Bix gehabt", sagte er zu Konrad, während sich der Computer leise rauschend einen Weg ins Netz bahnte.

„Wir machen bei einer Gruppe mit, die Leuten im Knast hilft", sagte Konrad erklärend.

„Was für Leute sind das denn?", wollte ich wissen.

„Aktivisten", sagte Gunter. „Leute, die bei Demos oder nach irgendwelchen Aktionen ins Gefängnis mussten."

„Wir schicken ihnen Bücher, Klamotten, CDs, was man so braucht, wenn man von der Welt abgeschnitten ist."

„Wir haben übrigens noch was für dich", sagte Gunter und hielt mir eine selbst gebrannte CD hin. „Die fandest du doch neulich gut."

Ich las die Aufschrift. Die Band hieß *Troi*. Ich hatte sie bei den Zwillingen gehört. Sie machten Rap auf Deutsch, in dem es um Straßenkampf und den kommenden Aufstand ging.

„Danke", sagte ich und legte sie ein.

„Wir fahren übrigens am letzten Oktoberwochenende nach Berlin", sagte Gunter. „Da ist eine Demo und wir besuchen Freunde. Hast du Lust mitzukommen?"

„Ja", sagte ich. „Ich muss aber erst Tante Jeske fragen."

„Haben wir schon", lachte Konrad dröhnend. „Ist alles geklärt. Reinhold fährt uns zum Bahnhof und holt uns da auch wieder ab."

Ich staunte und freute mich, dass sie mich dabei haben wollten.

„Und wogegen demonstrieren wir?", wollte ich wissen.

„Gegen das System und gegen die Schuldenkrise, die Deutschland bezahlen soll. Wir demonstrieren gegen den drohenden Volkstod."

Das leuchtete mir ein, auch wenn ich davon keine Ahnung hatte. Reinhold hatte öfter davon gesprochen, und auch bei Tante Jeske und Onkel Rolf war die Krise ein Thema und dass Deutschland immer für die anderen bezahlen müsse. Außerdem war ich noch nie in Berlin gewesen, das würde Spaß machen. Die größte deutsche Stadt, die ich kannte, war Rostock.

„Wir sind auch gekommen, um dich einzuladen", sagte Gunter. „Uta und Reinhold machen sich Sorgen, weil du dich nicht blicken lässt."

„Ich habe so viel mit der Schule zu tun."

Gunter nickte. „Uta denkt, sie hätten dich irgendwie beleidigt beim letzten Mal."

Ich schüttelte den Kopf. „Quatsch! Ich hatte wirklich viel zu tun."

„Guck mal", sagte Konrad und drehte den Bildschirm zu mir. Ich ging näher ran. „Haben wir gestern im Netz geflaggt." Ich sah ein wackeliges Video, in dem zwei Vermummte mit einem Gewehr posierten. Im Hintergrund hing ein Banner: *Fight the System – Fuck the Law.*

„Das seid ihr", sagte ich.

Gunter grinste. „Wir haben jetzt eine Facebook-Seite."

„Praktisch", fügte Konrad hinzu. „Man kann sich mit den Kameraden viel schneller verabreden und Infos austauschen. Solltest dich auch anmelden."

„Kommst du wieder mit zum Flugplatz?", fragte Gunter.

„Klar", sagte ich. „Übermorgen ist die letzte Mathearbeit, dann habe ich auch wieder mehr Zeit."

„Außerdem haben wir im Keller vom Herrenhaus einen Boxraum eingerichtet. Da können wir uns mal ganz gepflegt auf die Fresse hauen", sagte Konrad lachend.

Zwei Tage später ging ich zum Gutshaus. Ich hatte ein schlechtes Gewissen. Hoffentlich dachten Uta und Reinhold nicht, dass ich nichts mehr mit ihnen zu tun haben wollte. Doch als Reinhold mir lachend die Hand schüttelte, verflogen meine Bedenken. Nur Uta war mir gegenüber ziemlich kühl, als wir in der Küche an dem großen Holztisch saßen.

„Wir hätten dir doch bei deinen Schulsachen helfen können", sagte sie, nachdem ich ihnen erklärt hatte, warum ich eine Weile nicht bei ihnen gewesen war. „Aber wer nicht will, der hat schon." Sie sah mich eindringlich an, und ich merkte, wie ich rot wurde. „Ich dachte nur, wir sind Freunde. Und Freunde helfen einander", sagte sie und verließ die Küche. Mein Gesicht brannte vor Scham.

„Tja", sagte Reinhold. „Sie dachte, du magst uns nicht mehr."

„Das stimmt aber nicht", sagte ich schnell.

„Das weiß ich doch", sagte Reinhold. „Aber Frauen denken so was gern mal." Er zwinkerte mir zu. „Sie brauchen eben ständige Aufmerksamkeit." Er lachte. „Aber das wirst du noch früh genug rausfinden."

Als Freya die Küche betrat, um sich ein Glas Wasser zu holen, nickte sie mir kaum merklich zu, ehe sie wieder verschwand.

„Na, was habe ich dir gesagt?", sagte Reinhold grinsend. „Mach dir nie eine Frau zum Feind." Dann wechselte er das Thema: „Was macht die Lektüre?"

„*Jörn Uhl* habe ich fertig gelesen", sagte ich begeistert und war froh, über etwas anderes sprechen zu können.

„Dann kann ich dir ja ein anderes Buch geben", sagte Reinhold. „Schon mal von Hermann Löns gehört?"

Ich schüttelte den Kopf.

„Der hat auch tolle Sachen geschrieben."

Wir unterhielten uns noch eine Weile über Literatur, dann erzählte Reinhold, dass er sich schon darauf freue, im Frühjahr mit der Landwirtschaft loszulegen, und dass er jede Menge Bücher darüber lese. „Wir werden hier einen richtig großen Betrieb aufziehen und Leute einstellen. Dann braucht es auch keine polnischen Fremdarbeiter mehr, die den faulen Deutschen die Erntearbeit abnehmen."

„Das ist harte Arbeit", sagte ich.

Reinhold sah mich prüfend an. „Und, fürchtest du dich davor?"

Ich schüttelte den Kopf.

„Gut", sagte Reinhold. „Die meisten Deutschen sind nämlich verweichlicht. Die wollen nicht mit ihren Händen arbeiten. Und weißt du, woran das liegt?"

Ich schüttelte erneut den Kopf.

„Das liegt daran, dass die Unternehmen uns einlullen mit ihren Versprechen. Die erzählen uns, dass wir nicht mehr arbeiten müssen. Ein hübsches Gesicht und schon ist man Model. Ein bisschen den Ton halten und schon kann man Sänger werden. Das ist doch verrückt. Aber das wird sich ändern. Pass mal auf, in ein paar Jahren werden die Deutschen entdecken, dass sie sich verkauft haben. Ich hoffe nur, dass es dann nicht zu spät sein wird."

„Ja, hoffentlich", sagte ich.

Er sah aus dem Fenster. „Wir sind doch die Einzigen, die gegen den Niedergang etwas tun." Er drehte sich zu mir um. „Stell dir mal vor, wenn junge, erbgesunde Menschen in Scharen auf dem Land arbeiten würden." Er sah wieder aus dem Fenster. „Das stärkt den Körper und den Geist." Jetzt blickte er wieder zu mir. „Glaubst du, dass junge Menschen sich für so etwas begeistern lassen?"

Es schmeichelte mir, wenn Reinhold mich um Rat fragte. „Bestimmt", sagte ich und merkte, dass es nicht besonders überzeugt klang. „Ich meine, gesundes Essen ist doch wichtig. Das geht uns doch alle an."

Reinhold nickte.

„Aber es gibt hier immer weniger Bauern", gab ich zu bedenken.

„Und was glaubst du, wie das kommt?", fragte er. Doch ohne meine Antwort abzuwarten, fuhr er fort: „Die Europäische Union zerschlägt systematisch unsere Landwirtschaft und damit unsere Autonomie. Die wollen uns Deutsche abhängig machen."

Ich verstand nichts davon, aber Reinhold redete nicht einfach daher, er wusste, was er sagte.

„Sie wollen uns ihr System aufzwingen, uns klein machen", sagte er.

„Warum sollten die das machen?", fragte ich, um Interesse zu zeigen.

Reinhold lächelte, als hätte er auf diese Frage gewartet. „Geld!", sagte er betont. „Es geht immer um Geld. Alles Schöne und Gute wird zur Ware. Die EU gehört doch längst den Großkonzernen und die lassen das Obst aus Afrika kommen. Da ist es billig. Und bei uns wird es dann teuer verkauft." Plötzlich wechselte Reinhold das Thema. „Was hältst du davon, wenn du dich jetzt bei Uta und Freya entschuldigst?" Ich sah zwar nicht ganz ein, warum ich mich entschuldigen sollte, stimmte aber schließlich zu, um die Stimmung nicht zu verderben. „Und in Zukunft wollen wir dich hier wieder öfter sehen", sagte Reinhold zum Abschied und schob mich aus der Küche.

Freya und Uta saßen im großen Saal. Als Uta mich reinkommen sah, legte sie ihre Handarbeit beiseite und sah mich an. „Und, hast du uns etwas zu sagen, Benjamin?", fragte sie, als ich mich gesetzt hatte.

Ich räusperte mich. „Tut mir leid, dass ich mich nicht gemeldet habe", sagte ich.

Freya sah mich nicht an. Dafür fixierte mich Uta, dass es schon unangenehm war. Ich rutschte unruhig auf meinem Sessel hin und her.

„Wir haben uns Sorgen gemacht", sagte Uta und lächelte mich an. „Wir dachten, du wärst böse auf uns. Wir konnten uns nicht erklären, warum du so abweisend bist. Aber jetzt ist ja alles wieder gut." Sie nahm ihre Handarbeit wieder auf. „Wir wollen nicht weiter darüber sprechen. Aber versprich mir, dass du in Zukunft zu uns kommst, wenn dich etwas bedrückt."

Ich versprach es und verabschiedete mich. Freya brachte mich zur Tür. Im Flur drückte sie meine Hand, ohne etwas zu sagen. Als ich mich verabschieden wollte, sagte sie: „Ich dachte schon, dass du meinetwegen nicht mehr kommst." Ich schüttelte den Kopf und wollte gerade antworten, da hörte ich ein Keuchen aus der geöffneten Kellertür, gefolgt von einem rhythmischen Klatschen. Ich sah Freya fragend an. „Das sind die Zwillinge. Sie boxen unten."

Wir gingen zusammen runter, wo Gunter und Konrad voller Wut auf riesige Sandsäcke einschlugen, als wollten sie sie kaputt schlagen.

Die letzten warmen Sommertage flossen, in honigfarbenes Licht getaucht, dahin.

Ich ging jetzt wieder fast täglich zum Gutshaus. Am Nachmittag war ich meist mit den Zwillingen auf dem Militärgelände unterwegs, auf der Suche nach Munition, und abends aß ich, was Uta und Freya gekocht hatten.

Die Herbstferien kamen und ich ging schon morgens aus dem Haus, was mir böse Blicke von Tante Jeske einbrachte. Die Zwillinge fuhren mit Hartmut ein paar Tage weg, um Kameraden im Gefängnis zu besuchen. Ich half Uta beim Kräutersammeln, spielte mit Freya 66 oder unterhielt mich mit Reinhold über die politische Lage in Deutschland. Ich genoss diese Nachmittage mit Reinhold. Der Kamin brannte, hin und wieder knackte und knisterte es leise, und wir redeten über alles Mögliche. Reinhold nahm mich ernst. Er redete nicht einfach drauflos oder wischte meine Einwände achtlos beiseite.

Am Ende kam er immer wieder auf die Gemeinschaft zu sprechen, dass diese einen beschütze und immer für einen da sei. Wir sprachen auch viel darüber, was sich in Deutschland ändern müsste. „Revolution deiner Seele", nannte Reinhold unsere Gespräche.

Als die Gutshausbewohner einen Tag verreisten, um Verwandte zu besuchen, ging ich zu Georg. Er war noch immer damit beschäftigt, seine Ausstellung in Polen vorzubereiten.

„Was ist mit Stettin?", fragte er, während er ein Bild einpackte.

„Ich hätte schon Lust", sagte ich, „aber ich muss Tante Jeske noch fragen."

„Deine Tante hat bestimmt nichts dagegen. Würde dir guttun, hier mal rauszukommen. Du verbringst viel zu viel Zeit mit den Neuen."

„Wieso? Was ist mit denen?", wollte ich wissen.

„Ich weiß nicht", sagte Georg. „Ich habe ein komisches Gefühl. Und weißt du, was seltsam ist?" Er unterbrach seine Tätigkeit und sah mich fragend an. „Sie haben innerhalb kürzester Zeit das ganze Dorf auf ihre Seite gezogen."

„Sie kümmern sich um die Älteren", sagte ich. „Sie haben das Platzhaus wieder aufgebaut und sie bringen den Frauen Volkstänze bei."

„Ich finde das komisch", sagte Georg. „Hast du den Wimpel gesehen, den dein Reinhold am Autospiegel hängen hat?"

„Todesstrafe für Kinderschänder", sagte ich. „Was ist daran falsch?"

„Die Todesstrafe wurde vor langer Zeit bei uns abgeschafft und das aus gutem Grund."

„Tante Jeske findet das auch gut", sagte ich. „Und die anderen im Dorf auch."

Georg wackelte mit dem Kopf. „Ich finde das bedenklich", sagte er.

„Das betrifft doch uns alle", sagte ich genervt. „Solche Leute kommen in den Knast und leben auf Staatskosten und nach ein paar Jahren werden sie wegen guter Führung entlassen."

Georg sah mich erschrocken an. „Hat dir das dieser Reinhold erzählt?"

„Ist doch egal", sagte ich.

„Pass lieber auf", gab er zurück. Dann fragte er: „Habe ich dir eigentlich meine neuen Bilder gezeigt?", und fing an, eines wieder auszuwickeln.

Ich tat, als ob es mich interessierte, während Georg ein paar Erklärungen dazu abgab. Doch die Stimmung zwischen uns war irgendwie im Eimer, deswegen sagte ich, dass ich losmüsse. Georg nickte.

An der Haustür holte er mich noch einmal ein. „Fahr mit nach Stettin. Dir wird ein Tapetenwechsel guttun."

Am eisblauen Himmel zog als dunkle Sichel eine Schar Kraniche vorüber. Gunter und Konrad sahen auf. „Holda ist nicht weit", sagte Konrad.

„Kraniche sind die Begleitvögel der Göttin Holda", erklärte mir Gunter. „Auch Frau Holle genannt."

„Die aus dem Märchen?", fragte ich.

Gunter nickte. „Die verdammten Christen haben eine Witzfigur aus ihr gemacht."

„Für die Germanen waren Kraniche außerdem das Zeichen für Weisheit und Treue", sagte Konrad, als wir über die Wiese stiefelten.

Auf dem Flugplatz angekommen, packte Gunter den Metalldetektor aus und ging damit langsam über den Platz.

„Wie viel Munition habt ihr jetzt eigentlich?", fragte ich.

„Noch nicht genug", winkte Gunter ab.

„Wir wollen die ganze Welt in Brand stecken", lachte Konrad.

„Vielleicht kann man im Katasteramt rausfinden, wo der Schießplatz war. Dann kann man gezielter suchen", schlug ich vor.

Gunter hielt inne. „Mensch, das ist eine gute Idee." Er drehte sich zu Konrad um. „Ist das nicht eine gute Idee?"

„Das ist eine verdammt gute Idee", sagte dieser. „Das machen wir."

„Wenn wir jetzt fahren, dann müssten die noch aufhaben", sagte Gunter begeistert.

„Aber jetzt fährt kein Bus", sagte ich.

„Wir werden Vater fragen", meinten sie, und so gingen wir zurück, um Hartmut zu suchen. Wir fanden ihn in der Küche sitzend und eine Zeitung lesend.

„Was wollt ihr denn da?", fragte Hartmut, nachdem die Zwillinge ihn gefragt hatten, ob er sie in die Kreisstadt bringen könne.

„Wir wollen ins Internetcafé", log Gunter und sah mich dabei verschwörerisch an.

„Man hat hier so schlechten Empfang", sagte Konrad. „Ich muss ein paar Sachen klären."

„Und hat euer Freund", Hartmut nickte in meine Richtung, „nicht ein Gerät, das ihr nutzen könnt?"

„Kaputt", sagte Gunter schnell. Ich nickte traurig.

Hartmut warf mir einen prüfenden Blick zu, und ich hatte das Gefühl, er würde bis auf den Grund meiner Seele gucken. „Gut", sagte er dann. „Fahren wir. Ich muss sowieso einkaufen."

Hartmut ließ uns in der Innenstadt raus und wir verabredeten, uns in zwei Stunden wieder zu treffen. Auf dem Weg zum Rathaus, in dem wir das Katasteramt vermuteten, trafen wir Timon. Ich stellte ihn den Zwillingen vor, die ihn kaum beachteten und darauf drängten weiterzugehen.

„Ich komme gleich nach", sagte ich und wies in die Richtung des Rathauses.

„Deine neuen Freunde sind ein bisschen komisch", sagte Timon, als sie außer Hörweite waren.

„Wieso?", fragte ich, obwohl ich wusste, was er meinte. Ich hatte die Zwillinge anfangs ja auch komisch gefunden.

„Findest du nicht?", fragte er.

„Na ja, sie stehen auf diesen Militärkram, aber sonst sind sie ganz normal", sagte ich.

„Sind das Linke oder Nazis?", fragte Timon. „Ich werde aus denen nicht schlau."

„Weißt du was?", sagte ich zu ihm. „Es gibt eben Leute, die machen sich Gedanken um unser Land. Und das müssen nicht gleich Nazis sein. Kümmere dich doch um deinen eigenen Kram."

Damit ließ ich ihn stehen und eilte den Zwillingen nach, die das Rathaus fast erreicht hatten. Der Pförtner schickte uns zu einer Frau Seidensticker, die in einem verqualmten Büro saß und sich gerade eine Zigarette anzündete. Ihr Kollege am Schreibtisch gegenüber hustete demonstrativ und riss das Fenster auf.

„Fenster zu!", blaffte Frau Seidensticker mit der Zigarette im Mundwinkel und sah den Mann böse an. Der blieb ungerührt sitzen, bis Frau Seidensticker die Zigarette aus dem Mund nahm und freundlich sagte: „Ich weiß ja, Herr Lehmann, dass Leuten Ihres Schlages immer besonders warm ist, aber nehmen sie doch bitte etwas Rücksicht auf ihre normal veranlagten Mitmenschen."

Herr Lehmann sprang wütend auf, knallte das Fenster zu und stürmte aus dem Büro.

Frau Seidensticker sah uns an, lächelte und sagte: „Was kann ich für euch tun, Jungs?" Sie hatte das ausgemergelte Gesicht einer starken Raucherin, mit tiefen Furchen im Gesicht, wie mit einer Gabel gezogen. Ich kannte das von Fiete, der bei uns im Dorf vor drei Jahren an Lungenkrebs gestorben war.

„Wir suchen einen Plan des alten Militärgeländes in Bütenow", sagte Gunter.

Frau Seidensticker zog amüsiert die Augenbrauen hoch.

„Für ein Projekt in der Schule", fügte Konrad hinzu.

„Tja, Jungs", sagte sie und zog so stark an ihrer Zigarette, dass ihr Kopf wenig später in einer Qualmwolke verschwand. „Ich fürchte, da muss ich euch enttäuschen. Bei uns werdet ihr nichts finden. Das liegt alles in der Bibliothek. Da sind die Unterlagen vor vier Jahren hingewandert. Ihr müsst …" Sie quetschte ihre Zigarette mit solcher Kraft aus, dass ihre Fingerspitzen weiß anliefen. „Ach was, kommt mal mit", sagte sie dann und schob ihren Stuhl zurück.

Wir folgten ihr den Gang runter, über mehrere Treppen in einen anderen Gang, fuhren ein Stück mit dem Fahrstuhl und landeten schließlich im Keller, in dem die Bibliothek untergebracht war.

Frau Seidensticker erklärte der Bibliothekarin, was wir suchten, worauf diese ihre Bluse straff zog und uns hinter sich herwinkte.

Vor einem mit Heftern überladenen Regal blieben wir stehen.

„Die Russen haben zu ihrer Zeit keine Ordnung geführt", sagte die Bibliothekarin seufzend. „Alles Kraut und Rüben. Nach der Wende haben sich ein paar Geografiestudenten mal die Mühe gemacht, das Gelände neu zu vermessen, deswegen haben wir jetzt einen guten Plan. Aber die Russen …" Sie schüttelte den Kopf.

„Haben eben nur Wodka und Klauen im Kopf", fiel Frau Seidensticker ein. „Weiß man ja."

„Haben mir kurz nach der Wende aber mal einen schönen neuen Radiator besorgt."

„Und was wollten die dafür haben?", fragte Frau Seidensticker.

„Och, so Krams halt", sagte die Bibliothekarin. „Alte Möbel von meiner Großmutter. Wurmstichiges Zeug von achtzehnhundertkartoffelsalat."

„Ich sag's doch, die Russen fühlen sich im Dreck am wohlsten", wandte Frau Seidensticker ein.

„In einem Europa der Vaterländer wird für die Slawen kein Platz mehr sein", sagte Gunter ernst, worauf ihn Frau Seidensticker und die Bibliothekarin überrascht ansahen. Eine kurze Pause entstand.

„Genau", sagte Frau Seidensticker schließlich und kramte in den Ordnerbergen herum, wobei sie reichlich Staub aufwirbelte.

Nachdem sie eine Weile gesucht hatten, fanden die beiden Frauen einen Plan des ehemaligen Militärgeländes. Frau Seidensticker wünschte uns noch viel Glück und dampfte ab, eine kalte Zigarette im Mundwinkel. Die Bibliothekarin verschwand hinter ihrem Tresen.

Gunter und Konrad schoben ihre Finger über die Karte, auf der Suche nach dem Schießplatz. „Da!", sagte Gunter und tippte auf eine Ecke im Norden des Geländes. „Da wird sich garantiert noch jede Menge Material finden."

„Hier war die Waffenkammer", meinte Konrad begeistert. „Da werden wir auch fündig."

Ich machte eine Skizze, während die Zwillinge in den Bücherregalen herumstöberten.

„Hier steht nur ausländische Scheiße", hörte ich Konrad schimpfen.

Als ich fertig war, bedankten wir uns bei der Bibliothekarin, die froh war, uns loszuwerden, und beeilten uns, zum mit Hartmut verabredeten Treffpunkt zu kommen. Vor dem Rathaus waren ein paar Skater, die ihre Moves übten.

„Scheißzecken", schimpfte Gunter und rempelte einen der Jungs mit Absicht an.

„Was soll das denn?", fragte der Junge. Ich kannte ihn vom Sehen, er hieß Mirko.

Noch ehe ich reagieren konnte, hatte Konrad ihm einen Faustschlag versetzt, dass er von seinem Brett flog und im Dreck landete. Sofort umringten uns ein paar seiner Freunde.

„Habt ihr ein Problem?", fragte Konrad und baute sich drohend vor ihnen auf.

„Wir wollen keinen Stress", sagte einer beschwichtigend und half seinem Freund auf die Beine. Er blutete aus der Nase.

„Dann verpisst euch", sagte Gunter und ging auf den Sprecher zu, der hastig zurückwich.

Konrad grinste vor sich hin.

Auf der Rückfahrt sprachen wir kein Wort miteinander, bis Hartmut fragte: „Hattet ihr Erfolg?"

Die Zwillinge nickten. „Alles geregelt."

„Reinhold und Uta haben die Idee, Wintersonnenwende zu feiern", sagte Hartmut nach einer Weile. „Sie wollen das richtig groß machen." Man merkte ihm an, dass ihm die Idee nicht gefiel.

„Können wir dann Leute einladen?", fragte Gunter.

Hartmut wiegte den Kopf. „Wir bereden das noch." Damit war das Thema für ihn erledigt.

Allerdings nicht für die Zwillinge, die später in meinem Zimmer saßen und sich begeistert darüber unterhielten, während sie *Stahlgewitter* spielten. Ein Computerspiel, in dem man als deutscher Soldat des Zweiten Weltkriegs an der Schlacht von Dünkirchen teilnimmt.

„Warum hast du den Skater geschlagen?", fragte ich Konrad.

Konrad sah mich verdutzt an und sagte dann – ohne auf meine Frage einzugehen – zu seinem Bruder: „Wir laden *Bomber* ein, die müssen bei uns ein Konzert geben."

Gunter nickte. „Und Nick und seine Jungs müssen kommen."

Konrad sah ihn fragend an. „Glaubst du, die kommen extra aus den Niederlanden hierher?"

„Sicher", sagte Gunter. „Die sind doch froh, wenn sie aus ihrem Moslemgetto Amsterdam mal rauskommen." Sie lachten, während Gunter einen britischen Panzer mit einer Mine sprengte und jedem Toten noch einen Kopfschuss verpasste.

Die Geschichte mit Mirko ging mir nicht aus dem Kopf. Wieder und wieder spulte ich die Szene in Gedanken ab. Konrad hatte ausgesehen, als ob es ihm Spaß gemacht hätte, den Jungen zu schlagen. Ich wusste, dass die Zwillinge schräg waren, aber dass sie so schräg waren, überraschte mich doch. Bislang kannte ich Gewalt nur aus Filmen. Selbst an unserer Schule kam so etwas kaum vor. Das gab es in Berlin und anderen Großstädten. Die Sauf-Glatzen im Stadtpark machten zwar hin und wieder Stress, aber dann traf es den vietnamesischen Imbiss oder einen von den Linken.

Irgendwie war Mirko ja auch selbst schuld, so dicht, wie er an Gunter vorbeigerollt war. Außerdem kifften Skater und sprühten die Wände mit ihren Kritzeleien voll. Sie waren alles andere als harmlos. Die Zwillinge waren meine Freunde und Mirko und die anderen waren Idioten, beschloss ich.

Als ich nach den Ferien zur Schule kam, sah ich sie schon von Weitem: Mirko und seine Kumpels. Sie standen direkt vor dem Tor. Umdrehen und erst zur zweiten Stunde wiederkommen, war mein erster Gedanke, aber sie hatten mich schon erspäht. Ich ging stur weiter und tat, als hätte ich sie nicht bemerkt.

„Warte mal, du braune Scheißhausratte", sagte einer von ihnen, als ich mich an der Gruppe vorbeidrücken wollte. „Du hast meinen Kumpel geschlagen." Der Junge war bestimmt zwanzig oder älter, ziemlich groß und ziemlich breit.

„Der war es nicht, Blase", sagte Mirko.

„Aber er war dabei, oder?"

Mirko nickte, sah mich dabei aber nicht an. Ich hatte den Eindruck, dass ihm der Auftritt seines Freundes unangenehm war.

„Ich will dich und deine Nazifreunde nicht mehr in der Stadt sehen", sagte Blase, packte mich am Kragen und zog mich nah an sich heran, so nah, dass ich seinen Atem riechen konnte: Mettbrötchen mit Zwiebeln. Er schubste mich weg.

„Ich bin kein Nazi", sagte ich.

„Nein, ihr seid ja Edelfaschisten", höhnte Blase. „Das habe ich ganz vergessen. Nazis sind die anderen. Ihr macht ja nur einen auf völkisch und so weiter. Da seid ihr natürlich keine Nazis. Willst du mich verarschen?" Er schubste mich wieder. „Autonome Nationalisten und so. Ich kenne doch euer Gelaber von wegen artfremd und dieser ganze Scheiß, dieser beschissene Weiße-Rasse-Mist."

„Du hast doch gar keine Ahnung!", schrie ich.

Die Skater lachten. „Was für ein Hirni!", sagte einer.

„Ihr könnt mich mal", sagte ich und wollte weitergehen, doch Blase hielt mich fest und versetzte mir einen Schlag in den Magen. Ich krümmte mich zusammen wie ein schief eingehauener Nagel. Dann schubste er mich, dass ich mich auf den Hintern setzte. Sich abklatschend zogen sie ab.

„Wenn die Zwillinge euch erwischen, kriegt ihr Ärger, ihr Scheißer!", schrie ich hinter ihnen her.

Mirko drehte sich um und zeigte mir den Stinkefinger. Ich saß auf der Erde und spürte, wie die Kälte durch den Stoff meiner Jeans kroch. Ich heulte vor Wut. Nachzügler kamen vorbei und sahen ängstlich zu mir rüber, aber keiner half mir. Ich rappelte mich auf und schleppte mich, mir den Bauch haltend, in die Schule. Herr Brüggemann sah vorwurfsvoll auf die Uhr, als ich ins Klassenzimmer kam, fragte aber glücklicherweise nicht nach. Ich setzte mich auf meinen Platz und malte mir aus, was die Zwillinge alles mit Mirko und seinen Freunden anstellen würden, wenn sie davon erfuhren. Ich legte meine Hand auf meinen Bauch. Er tat noch etwas weh und ich kam mir ein bisschen heldenhaft vor. Genau wie Jörn Uhl, der von keinem verstanden wird und sich gegen die Arschlöcher dieser Welt behaupten muss. Ich dachte über den Nazivorwurf nach. Auch wenn ich kein Fan von Hitler war und nichts gegen Juden hatte, so war doch nicht alles schlecht gewesen im Dritten Reich. Dass sich heutzutage überall die Ausländer breitmachten, war was anderes, störte mich aber auch nicht wirklich. Was mich störte, waren korrupte Politiker, die unser Land, unsere Kultur verramschten. Die Zwillinge und auch Reinhold hatten recht: Man musste sich wehren. Gegen Ungerechtigkeit, gegen das Scheißsystem. Und gegen die Scheißrollbrettfahrer.

Tante Jeske und Veronika zogen gerade ihre Mäntel an. „Wir gehen ins Platzhaus", sagte Veronika. Tante Jeske wirkte seltsam beschwingt.

Ich sah die beiden fragend an.

„Uta macht endlich ernst mit der Volkstanzgruppe", sagte Veronika. „Wir proben heute das erste Mal."

„Dann viel Spaß", wünschte ich den beiden.

Als Tante Jeske schon halb zur Tür rausgetänzelt war, drehte sie sich noch einmal um und sagte zu mir: „Und lies nicht wieder so lange."

Sie hatte es nicht streng gesagt wie gewöhnlich, eher, als würde sie sich Sorgen machen. Seit einiger Zeit war sie wie ausgewechselt. Die Bekanntschaft mit Uta und die Treffen im Platzhaus hatten sie aufblühen lassen, auch wenn Onkel Rolf sich beschwerte, dass Tante Jeske mehr Zeit mit den Gutshausbesitzern als zu Hause verbrachte. Aber ihr tat es gut, und mit Veronika kam ich in letzter Zeit auch viel besser klar. Es hatte sich einiges verändert, seitdem Reinhold, Uta und die anderen im Dorf waren. Daran konnte doch nichts falsch sein.

Ich machte es mir auf meinem Bett bequem und nahm das Buch, das Reinhold mir gegeben hatte. Es hieß *Der Wehrwolf.*

„Ein toller Abenteuerroman für einen Jungen in deinem Alter", hatte Reinhold gesagt.

Ich las die ersten Seiten, fand den Stil aber ziemlich langatmig und geschwollen. Trotzdem kämpfte ich mich von Seite zu Seite. Schließlich war es eins von Reinholds Lieblingsbüchern und ich wollte ihn nicht enttäuschen. Irgendwann konnte ich die Augen aber nicht mehr offenhalten und schlief mit dem Buch auf meiner Brust ein.

Auf dem Weg zur Schule hielt ich jetzt immer Ausschau nach den Skatern. Ich hatte Angst, dass sie mich wieder abpassen könnten; doch sie ließen sich nicht sehen.

Einige Tage später fiel nachmittags der erste Schnee in diesem Herbst. Die Flocken blieben liegen und schon bald hatte sich eine dicke Schicht gebildet, auf der ganze Gruppen von Kindern mit ihren Schlitten zum nächsten Berg zogen. Wie lange war ich nicht mehr Schlitten fahren, überlegte ich und bekam Sehnsucht nach meinem alten Holzschlitten, der vor zwei Jahren auseinandergefallen war. Ich fragte mich, ob die Zwillinge einen hatten, und ging von der Bushaltestelle direkt zum Gutshaus.

Gunter und Konrad waren auf dem Flugplatz, wie mir Freya erzählte. Da Thure dabei war, hatte ich keine Lust hinterherzugehen.

„Du kannst doch noch ein bisschen bleiben", sagte sie, als sie meinen Blick zur Haustür bemerkte. Mir war nicht danach, ich dachte immer noch über die Auseinandersetzung mit Mirko und seinen Freunden nach.

„Ich muss was für die Schule machen", nuschelte ich, aber das ließ Freya nicht gelten, zudem kam Uta gerade den Flur entlang. Wieder hatte ich den Eindruck, sie hätte nur darauf gelauert, im richtigen Augenblick erscheinen zu können. Ihr blauer Rock leuchtete im Dämmerlicht, das durch die bunten Glasfenster in der Tür schien. Ihre blonden Haare waren zu einem Kranz um den Kopf geflochten.

„Guten Tag, Benjamin", sagte sie und strahlte mich an. „Schön, dass du uns besuchst."

„Er ist wegen Gunter und Konrad hier", sagte Freya zu ihrer Mutter.

„Oh", machte Uta enttäuscht und ich beeilte mich, ihr zu versichern, dass ich natürlich auch gekommen war, um Hallo zu sagen. Utas Gesicht hellte sich auf. „Das ist aber lieb von dir", sagte sie. „Wobei ich natürlich nicht möchte, dass du das als Pflicht ansiehst." Ich nickte. „Du bist hier immer willkommen", fuhr sie fort. „Unsere Tür steht immer für dich offen. Und du kannst mit jedem Problem zu uns kommen. Deine Tante und dein Onkel sind wirklich sehr nette und engagierte Menschen, aber ich kann mir vorstellen, dass sie oftmals sehr beschäftigt sind mit ihrer Arbeit und wenig Zeit haben, sich um euch Kinder zu kümmern."

„Na ja", sagte ich. „Die beiden hören einfach manchmal nicht richtig zu." Uta nickte, als hätte sie das schon länger geahnt. „Und außerdem bin ich ja nicht ihr richtiges Kind."

„Das muss furchtbar sein, so allein", sagte Uta mit Tränen in den Augen.

„Ich habe mich dran gewöhnt", sagte ich.

Uta sah mich prüfend an. „Dich bedrückt doch etwas, habe ich recht?", sagte sie. „Das sehe ich dir doch an. Ich bin eine Mutter, ich weiß, wann ein Kind leidet."

Da brach es aus mir heraus und ich erzählte voller Wut, was passiert war. Ich erzählte auch, wie es dazu gekommen war, verschwieg aber, dass die Zwillinge den Streit angefangen hatten. Freya hörte mit offenem Mund zu. Am Ende bat ich die beiden, Gunter und Konrad nichts zu erzählen.

Uta wiegte den Kopf. „Diese Menschen verurteilen dich, sie gebrauchen Gewalt gegen Andersdenkende, und du willst nichts unternehmen?"

Ich schüttelte den Kopf. „Das würde nichts bringen."

Uta sah mich grimmig an. „Wenn jeder so denken würde wie du, könnte man gleich den Kopf in den Sand stecken und auf den Tod warten, findest du nicht?"

Natürlich hatte sie damit recht, aber wenn die Zwillinge sich an den Skatern rächten, würden die sich wieder an mir rächen und so weiter. Es wäre wie ein Rad, das sich immer schneller dreht und irgendwann aus der Bahn fliegt.

„Man darf sich nichts gefallen lassen, sonst wird man zum Fußabtreter der anderen", sagte Uta.

„Ja!", rief Freya. „Und das geht schneller, als man denkt."

„Ich weiß, dass die Zwillinge gern mal über das Ziel hinausschießen", sagte Uta. „Es sind junge Burschen, etwas wild, aber sie haben ein gutes Herz. Ich glaube kaum, dass sie einen Krieg beginnen. Aber sie könnten doch mal mit den Jungs reden, sie zur Vernunft bringen."

„Aber es ist doch vorbei", sagte ich.

„Es ist niemals vorbei", sagte Uta bitter. „Für die bist du ein leichtes Opfer, das haben sie jetzt rausgefunden. Und so werden sie immer wieder auf dich losgehen. Einfach aus dem Grund, weil du dich nicht wehrst." Sie sah mir in die Augen. „Die meisten Menschen nutzen die Schwäche ihrer Mitmenschen aus. Denk mal darüber nach." Ich versprach es. Uta lächelte mich an. „Wie wäre es, wenn du jetzt mit Freya ein wenig 66 spielst? Sie liebt dieses Spiel und vielleicht lässt sie dich ja mal gewinnen. Und ich mache euch etwas zu essen."

Das hörte sich nach einer guten Idee an, und so blieb ich und spielte mit Freya Karten. Ich verlor andauernd.

Nach dem elften Mal warf ich wütend die Karten hin. „Mir reicht es", sagte ich.

Freya lachte, wobei sich winzige Grübchen in ihren Wangen bildeten und ich mir wünschte, sie würde mich noch einmal oben in ihr Versteck einladen.

Meine Tasche stand seit zwei Tagen gepackt in der Ecke, als die Zwillinge nach dem Frühstück klingelten, um mich abzuholen. Nachdem Reinhold uns vor dem Bahnhof abgesetzt hatte, wünschte er uns eine gute Reise und zwinkerte uns verschwörerisch zu. Gunter und Konrad hatten ein eingerolltes Transparent dabei, das an zwei Besenstielen befestigt war.

„Haben wir die halbe Nacht dran gearbeitet", stöhnte Konrad. Sie zeigten es mir im Zug nach Berlin. Wir hatten einen Wagen fast für uns allein. Nur eine alte Frau mit ihrer Enkelin und ein älteres Paar waren unterwegs. Auf dem weißen Tuch war eine schwarze Sonne aufgenäht, darunter stand: *Autonom, militant – Nationaler Widerstand!* Das Paar sah interessiert zu uns rüber.

„Die Sonne hat Freya genäht."

„Sieht gut aus, aber was soll das bedeuten?", fragte ich.

„Die schwarze Sonne ist ein Symbol der Nationalen Bewegung", erklärte mir Gunter.

„Hat die SS als Banner getragen."

„Wir marschieren übrigens im dritten Block in der ersten Reihe", sagte Konrad.

Als wir in Berlin im Hauptbahnhof einfuhren, schauten die Zwillinge aufgeregt aus dem Fenster. „Die anderen wollen uns abholen", sagte Gunter, als er sich zu mir umdrehte.

Ich sah ebenfalls raus auf den Bahnsteig, der von einer Menschenmasse überfüllt war. Als der Zug zum Stehen gekommen war, schulterten wir unsere Rucksäcke und quetschten uns durch die Wartenden.

Konrad und Gunter liefen den Bahnsteig auf und ab, auf der Suche nach ihren Freunden. Als die Menge sich gelichtet hatte und keiner aufgetaucht war, setzten wir uns auf eine Bank.

„Wo bleiben die denn?", fragte Konrad. Da klingelte sein Telefon. „Sie warten draußen im Auto", sagte er zu uns.

Als wir mit der Rolltreppe ins Bahnhofsgebäude fuhren, hatte ich den Eindruck, eine andere Welt zu betreten. Das Gebäude war riesig und erstreckte sich über mehrere Etagen. Überall wimmelte es von Leuten, die ihre Rollkoffer wie Haustiere hinter sich herzogen. Sie quollen aus den Geschäften, warteten in Schlangen vor den Fertigimbissen und bevölkerten die Bänke.

Wir brauchten eine Weile, um uns zu orientieren. Endlich erreichten wir den Bahnhofsvorplatz, wo die Zwillinge auf einen schwarzen Kleinbus zusteuerten, dessen Scheiben dunkel getönt waren. Als wir ihn erreicht hatten, schob jemand von innen die Schiebetür schwungvoll zurück, sprang aus dem Wagen und rief: „Da seid ihr ja, ihr kleinen Scheißer!"

Konrad und Gunter grinsten und umarmten den Typ. Er war ziemlich dick und trug einen Ledermantel. Als er den Mund aufmachte, sah ich, dass seine beiden oberen Schneidezähne spitz gefeilt waren. Er hatte einen Scheitel, der ihm über das rechte Auge hing.

„Wotan!", grüßte er mich militärisch knapp.

Ich tat es ihm nach und sagte ebenfalls „Wotan", weil ich dachte, das sei die Begrüßungsformel.

Er lachte und sagte: „Nein, das ist mein Name. Steht sogar in meinem Pass."

„Alter nationaler Adel!", sagte Gunter. „Sein Urgroßvater war auf der Wewelsburg."

„SS-Totenkopf Wachverband, Himmler direkt unterstellt", sagte Wotan stolz. „Urgroßmutter mit dem Goldenen Mutterkreuz ausgezeichnet. Und mein Ahne war erbbiologisch erste Wahl und hat als Zuchthengst im Lebensborn jede Menge Reinrassiger gezeugt."

Ich konnte mit den Begriffen nichts anfangen, tat aber, als wüsste ich Bescheid, und kletterte in den Wagen. Am Steuer des Busses saß ein Mädchen, das einen kurzen Pferdeschwanz trug, der sich wie ein Rasierpinsel auffächerte. Sie nickte mir freundlich zu.

„Das ist Renée", sagte Wotan und hievte sich ächzend neben sie auf den Beifahrersitz. Wir nahmen hinten Platz.

Renée kurvte in halsbrecherischem Tempo durch die Straßen Berlins. Ich sah während der Fahrt aus dem Fenster und konnte mich nicht sattsehen: Die Stadt schien so groß, und die Straßen und Plätze waren großzügig angelegt.

Wotan musste meine Gedanken gelesen haben. „Optimal für Aufmärsche, die heutigen Stadtplaner denken mit. Als ob sich diese ganze Brut danach sehnt, dass ihr letzter Blick auf deutsche Größe fällt, wenn sie an den Laternen baumelt."

Wir fuhren am Kanzleramt vorbei. Dann kam der Reichstag mit der Inschrift *Dem deutschen Volke* und sofort fielen mir die vielen Geschichten ein, die Reinhold mir über das Gebäude erzählt hatte. Über das Feuer, das die Kommunisten gelegt hatten, und die Zerstörungen durch die Bomben der Engländer. Dann kam das Brandenburger Tor, dahinter das Mahnmal für die ermordeten Juden.

„Mahnmal der Schande", sagte Wotan und drehte sich zu uns um. „Dahinter war übrigens die Reichskanzlei und der Führerbunker." Er tat, als wische er sich eine Träne aus dem Auge. „Da haben sie unsere Sonne ermordet und erlöschen lassen. Wir werden dich rächen, Adolf", sagte er und salutierte.

Die Zwillinge grinsten mich an. Ich wusste nicht, was ich von Wotan halten sollte, er schien mir ziemlich verrückt zu sein.

Wir hielten schließlich vor einem Haus. Während Renée einparkte, erklärte mir Wotan: „Dieser Ort ist nicht gerade repräsentativ für unseresgleichen und auch nicht angemessen. Wir befinden uns im Stadtteil Friedrichshain, der von Subkulturen aus dem linken Milieu geprägt ist. Zumindest in der öffentlichen Wahrnehmung. Wir leben in friedlicher Koexistenz mit diesen Ratten und Zecken und das mit vollem Bewusstsein. Wir betreiben eine Art Aufklärung im Herzen des Feindes. Erbbiologisch natürlich minderrassig und völlig indiskutabel, aber die Zeit verlangt Mimikry und eine gewisse Flexibilität. Die natürliche Auslese wird in unmittelbarer Zukunft beginnen." Er wuchtete seinen schweren Körper aus dem Wagen und öffnete die Schiebetür. Sobald wir ausgestiegen waren, fuhr Renée grußlos davon.

Wotan führte uns über einen düsteren Hinterhof in eine noch düsterere Erdgeschosswohnung einer nationalen Wohngemeinschaft, wie Gunter mir erklärte, wobei mir nicht klar war, wer dort alles wohnte und wer nicht. Während wir in der Küche saßen und ein Bier tranken, kam ständig jemand oder verschwand, kurz grüßend, in der verwinkelten Wohnung.

„Hier irgendwo könnt ihr später eure Häupter betten", sagte Wotan und verließ die Küche.

Als ich ihm verwundert nachsah, sagte Gunter: „Unterschätz ihn nicht. Er ist ein absolut brillanter Kopf unserer Bewegung. Etwas verrückt, wie alle genialen Geister, aber unschlagbar, was Organisation angeht."

„Und ein absolutes Computergenie", warf Konrad ein.

„Was habt ihr jetzt vor?", fragte Renée, die plötzlich im Flur aufgetaucht war, durch die geöffnete Küchentür.

„Ich muss ein paar Leute kontaktieren", sagte Gunter und zeigte auf seine Laptoptasche.

„Nachher kommen die anderen, wir wollen ein Flugblatt machen", sagte Konrad.

Renées grüne Augen richteten sich fragend auf mich.

„Äh, ich weiß nicht", sagte ich achselzuckend.

„Stadtrundfahrt?", fragte Renée. „Ich habe gehört, dass du noch nie in Berlin gewesen bist."

„Der Hauptstadt der Bewegung", lachte Gunter.

Renée und ich nahmen die U-Bahn zum Alexanderplatz, wo wir in den 100er-Bus stiegen, der zum Bahnhof Zoo fuhr. „Das ist die Touristenlinie", sagte Renée und bezahlte für uns beide. „Außerdem sind das die besten Reiseführer", sagte sie mit Blick auf den Busfahrer.

„Da sprechen Se 'n wahres Wort jelassen aus", sagte dieser. „Nur unsere Chefs ham das noch nich erkannt und bezahlen uns wie schnöde Busfahrer."

Wir lachten und stiegen aufs Oberdeck, das wir für uns allein hatten und wo wir uns ganz vorn hinsetzten, um durch die Panoramascheibe auf die Straße zu schauen. An jeder Haltestelle stiegen Leute ein, bald war jeder Platz besetzt und der Bus hallte von ihrem Stimmengewirr wider. Die wenigsten sprachen Deutsch. Renée und ich amüsierten uns über eine Asiatin, die ihrem Kind in weichem Singsang etwas erklärte, worauf das Kind mit piepsiger Stimme antwortete.

Wir fuhren am Brandenburger Tor vorbei, am Haus der Kulturen der Welt, am Schloss Bellevue bis zum Zoo, wo wir einfach sitzen blieben und zurückfuhren, um Unter den Linden auszusteigen.

Mit Renée war es angenehm und unkompliziert, und auch rein äußerlich war sie ganz anders als Freya. Renée trug eine schwarze Jeans, einen schwarzen Pullover, schwere Stiefel. Sie lachte viel, und ich versuchte so oft es ging, sie zum Lachen zu bringen.

„In der Bewegung wollen wir Mädel nicht einfach das Anhängsel der Männer sein. Wir wollen kämpfen, Stress machen", sagte sie, nachdem sie mir den Bebelplatz gezeigt hatte, wo 1933 die Bücher verbrannt worden waren. Ich sah sie fragend an. „In der ersten Reihe", ergänzte sie lächelnd und schob ihren Pullover hoch, unter dem sie ein T-Shirt trug, das eine lachende Mädchenfigur wie aus einem Manga mit einer Augenklappe und einer Schleuder zeigte, mit der sie auf den Betrachter zielte. Darunter stand: *Autonome Mädelschar Berlin.*

Nachmittags waren wir wieder in der Wohnung, wo Konrad mit einigen Kameraden über einem Flugblatt brütete. Ich gesellte mich zu ihnen. Sie begrüßten mich mit Handschlag und stellten sich vor. Die meisten waren aus anderen Städten angereist.

Ich sah mich nach Gunter um, den ich in einem vollgemüllten Zimmer voller Computer fand, wo er über seinen Laptop gebeugt saß. Neben ihm hockte Wotan und redete leise auf ihn ein.

Als ich das Zimmer betrat, sahen sie auf. „He!", sagte Gunter. „Wie war's?"

„Gut", sagte ich und setzte mich zu ihnen.

„Ich organisiere gerade die Anreise für ein paar Kameraden aus Niedersachsen", sagte er.

„Auf dass die Bewegung aufstehe und das Licht des Erkennens in den Köpfen des Volkes entzünde!", sagte Wotan, rülpste lautstark und fragte, ob wir auch etwas zu trinken wollten.

„Pass bloß auf, dass Freya nichts von Renée erfährt. Die macht dich einen Kopf kürzer", sagte Gunter, als Wotan draußen war.

„Wieso?", fragte ich.

„Wieso?", äffte mich Gunter nach. „Du weißt doch, dass Freya ein Auge auf dich geworfen hat. Das ist doch wohl offensichtlich."

Das war es, mir war nur nicht klar gewesen, dass alle anderen das auch wussten.

„Ich bin doch nicht mit Freya zusammen", sagte ich.

„Ich glaube, Freya würde das anders sehen. Sie hat dir doch schon ihre Lieder vorgespielt, oder? Weißt du, dass sie eins über dich geschrieben hat?"

Ich verdrehte die Augen. Wahrscheinlich marschierte ich darin mit blitzenden Augen furchtlos einem dunklen Berg entgegen, in dem etwas Böses hauste, das unsere Heimat bedrohte.

„Hast du es schon einmal gehört?", fragte ich.

Gunter schüttelte lachend den Kopf. „Will ich auch lieber nicht", sagte er. Ich lachte ebenfalls. Gunter wurde ernst. „Renée gehört Wotan, lass allein deswegen die Finger von ihr."

Ich hatte bislang nicht den Eindruck gehabt, dass die beiden ein Paar waren. Sie schienen nicht einmal gute Freunde zu sein, sie sprachen nur das Nötigste miteinander. In diesem Moment kam Wotan herein. Die beiden nahmen ihr Gespräch wieder auf und vergaßen mich.

Ich blätterte in einer Zeitung und dachte über Freya nach. Einerseits war es schmeichelhaft, dass sie mich als ihren Freund betrachtete, andererseits hatte ich sie niemals dazu ermuntert. Der Kuss auf dem Dachboden war harmlos gewesen und das einzige Mal, dass wir uns nähergekommen waren. Sie hatte kein Recht, mich in Beschlag zu nehmen.

Am Abend gingen wir auf ein illegales Konzert. Wotan dirigierte Renée, die wieder am Steuer des Busses saß, durch die Stadt. Nach einer halben Stunde bogen wir auf das Gelände einer alten Fabrik am Rand der Stadt ab. Glatzköpfige Ordner kontrollierten das Publikum vor dem Eingang. In dem kleinen Raum war es voll und heiß. Auch hier waren jede Menge Skins zu sehen, die sich gegenseitig über die Tanzfläche schubsten. Auf der Bühne spielte eine Band namens *Blutfaust*. Der Sänger brüllte, als ob er Schmerzen hätte. Seine Kollegen stümperten dazu rum, als hätten sie ihre Instrumente getauscht. Die Texte verstand ich nicht, die Titel hießen *Terror in Kanakenland*, *Ich scheiß auf eure Werte* oder *Saufen und ficken*.

„Auch das Fußvolk braucht seine Poesie!", schrie Wotan mir ins Ohr und hielt den Daumen hoch.

Ich grinste und fragte: „Kommen die nach der Machtübernahme wieder in ihre Käfige?"

Wotan sah mich verschmitzt an und schrie: „Mehr als das!" Er lehnte sich zurück und sah mich erwartungsvoll an, bevor er sich wieder zu mir rüberbeugte. „Nennen wir es die Röhm-Lösung."

Ich nickte, entdeckte Renée in der Menge und schob mich zu ihr durch.

„Wollen wir rausgehen?", fragte sie.

In der kühlen Nachtluft merkte ich, wie drückend warm und muffig es drin gewesen war. Wir atmeten tief durch.

„Du bist noch nicht lange dabei, oder?", fragte Renée.

„Wie kommst du darauf?", fragte ich zurück.

„Na ja, das sieht man. Die Bewegung scheint dir noch fremd zu sein. Du guckst manchmal, als ob du nicht glauben kannst, was du da siehst." Sie lachte glucksend. „An einige Sachen werde ich mich auch nie gewöhnen können. Die ganze Machoscheiße und das altbackene Frauenbild. Frauen sollen Mütter sein und lieb und brav. So wollen uns die Kerle, damit sie in Ruhe saufen und prügeln können. Aber die Bewegung verändert sich. Das da drin", sagte sie verächtlich und zeigte auf den Schuppen, „ist die Vergangenheit. Mit denen haben wir keine Zukunft."

„So was Ähnliches meint Wotan auch", sagte ich.

Renée lächelte. „Die Bewegung braucht neue Leute. Kluge Leute wie dich."

Zum Glück war es dunkel, und sie konnte nicht sehen, dass ich rot wurde. Ich fühlte, wie ihre Hand nach meiner tastete.

Die Zwillinge weckten mich. Sie waren bereits fertig angezogen. „Los", drängelte Konrad. Er strahlte und war voller Tatendrang. „Um elf Uhr ist Treffen am Bahnhof Lichtenberg."

Hastig zog ich meine Klamotten an und machte mich fertig. Als ich mir im Flur meine Jacke schnappte, gab Wotan mir ein Palästinensertuch. „Hier, mach das um." Ich sah ihn fragend an. „Falls die Herren der Staatsmacht uns mit Tränengas blenden wollen oder mit Zyklon B", erklärte er grinsend. „Außerdem sind wir doch Freunde des palästinensischen Volkes, oder?"

Die Zwillinge kamen polternd aus der Küche.

„Warum wollt ihr das mitschleppen?", fragte ich und zeigte auf den Rucksack, den Gunter trug.

„Verpflegung", sagte er nur.

Wir nahmen die U-Bahn, Wotan, Renée, die Zwillinge, ich und noch ein paar andere aus der Wohngemeinschaft. Als wir ankamen, sahen wir schon von Weitem die Kameraden vor dem Gebäude. Die Luft war klar und kalt, ich zog mein Palästinensertuch enger. Die vielen Polizisten, die den Trupp Demonstranten wie einen Gürtel einschnürten, schüchterten mich ein mit ihrer Kampfmontur und ihren grimmigen Gesichtern. Man sah ihnen an, dass sie keine Lust hatten, ein paar Hundert Nationale auf ihrem Zug durch die Stadt zu begleiten, und ich fragte mich, warum der Staat so kriegerisch auftrat. Scheinbar hatten die Mächtigen Angst. Angst, dass jemand die Wahrheit sagte.

Bevor wir zu den Kameraden konnten, mussten wir durch einen engen Gang, den die Polizisten gebildet hatten, eine Art Flaschenhals. Hin und wieder griffen sie jemanden raus und durchsuchten ihn. Ich sah, wie Konrad weiß wurde und an seinem Rucksack rumnestelte.

Plötzlich spürte ich, wie er mir etwas in die Hand drückte. Ich sah nach unten: Es war eine Flasche, gefüllt mit einer klaren Flüssigkeit. Er reichte mir eine zweite. „Versteck die unter deinem Pullover", raunte er mir zu und gab Gunter ebenfalls zwei Flaschen, bevor er sich die beiden letzten unter die Jacke schob. Ich hatte bereits von Molotowcocktails gehört, aber nicht damit gerechnet, dass Konrad so was mitschleppte. Was wollte er damit?

Konrad und Gunter waren bereits durch die Kontrolle, als ich mit klopfendem Herzen an der Wand aus Polizisten vorbeiging, wobei einer mich aufmerksam ansah. Ich war mir sicher, dass er mich durchsuchen würde. Mein Herz schlug wie ein wild gewordenes Uhrwerk und ich hatte den Eindruck, dass mein ganzer Körper auffällig zuckte und vibrierte. Zu meinem Glück war hinter mir ein Skin mit einer Flasche Bier in der Hand, den die Polizisten jetzt filzten.

„Pfff!", machte ich erleichtert, als ich bei den Zwillingen war. „Das war knapp."

Konrad verstaute die Mollis wieder in seinem Rucksack.

„Was willst du denn damit?", fragte ich ihn.

„Nur für den Ernstfall", sagte er.

Ich sah mich um. Es gab so viele unterschiedliche Leute. Da waren welche mit Hitler-Bärtchen, Glatzen, welche in schwarzen Kapuzenpullis wie wir selbst, andere in Trachtenklamotten. Gunter erklärte mir geduldig, zu welcher Strömung die jeweiligen Leute gehörten. Manche hätte ich niemals der Szene zugeordnet, allein der schmale Anstecker mit Hammer und Schwert an ihren Kragen verriet die Gesinnung. Eine Gruppe Kinder wartete frierend und mit den Beinen stampfend darauf, dass es endlich losging. Auf ihrem Plakat war zu lesen: *Ihr habt unsere Zukunft verzockt – Keine Gnade für Volksfeinde.* Auf einem anderen Plakat stand: *Vielen Dank für die Horde Kulturbereicherer, liebe Politiker.*

„Kulturbereicherer nennen wir die Kanaken. Ist ironisch gemeint", erläuterte Gunter.

Viele hatten fett gedruckte Zahlen auf ihren Jacken oder Pullovern. „88 steht für Heil Hitler", sagte Gunter. Er zeigte mir einen Typen, der wie ein unscheinbarer Gymnasiast aussah und eine 14 auf der Jacke hatte. „Fourteen Words", erklärte er. „Wir müssen die Existenz unseres Volkes und auch die Zukunft unserer weißen Kinder sichern." Er zählte die Worte mit den Fingern ab. „Das hat David Lane, ein Ami, vor Gericht gesagt, als sie ihn wegen Mordes an einem Juden verknackt haben. Zu 190 Jahren, stell dir das mal vor."

„Verdammt lange", sagte ich, und auch wenn mir dieser David Lane nichts sagte und mir auch völlig egal war, fühlte ich mich doch als Teil von etwas Größerem. Als hätte sich eine Tür geöffnet und frischen Wind in mein Leben gebracht. Neben mir, hinter mir, vor mir waren Leute, die für eine Idee kämpften. Auch wenn wir alle verschieden waren, hatten wir ein gemeinsames Ziel. Es war ganz anders als die Welt draußen, wo jeder für sich allein strampelte und sich mühte vorwärtszukommen.

Gunter ließ mich stehen, weil er einen Kameraden im Gewühl entdeckt hatte. Konrad war ebenfalls verschwunden, dafür tauchte Renée auf. „Sie lassen uns warten", sagte sie und zeigte auf die Reihe der Polizisten. „Reine Schikane."

„Vielleicht glauben sie, dass wir bald aufgeben", schlug ich vor.

„Das werden wir aber nicht, schließlich kämpfen wir für eine gerechte Sache. Die sind nur Staatsbüttel. Befehlsempfänger", sagte sie abschätzig. „Die machen das für Geld, wir für unseren Glauben. Wenn der Wind sich dreht, werden die ganz schnell die Seiten wechseln. Das haben sie nach dem Zweiten Weltkrieg gemacht und nach dem Ende der DDR und sie werden es wieder machen."

Ich nickte. Irgendwann gesellte sich Renée wieder zu ihrer Mädelgruppe, die schwarze Kapuzenpullis mit dem Mädchen trugen, das die Schleuder abfeuerte.

Wir warteten weiter, bis es nach einer Ewigkeit hieß: „In Reihen aufstellen!"

Wotan war eine wichtige Figur an diesem Tag. Er verhandelte mit den Polizisten, beruhigte wütende Kameraden und eilte immer wieder hin und her, um zu vermitteln. Ich stand direkt hinter den Zwillingen, die ihr Banner ausgerollt hatten, das schlaff zwischen ihnen hing und hin und wieder von einem Windstoß aufgebauscht wurde. Ein paar Reihen hinter mir sah ich Renée. Sie winkte und ich winkte zurück.

Doch es ging immer noch nicht los. Es hieß, dass Gegendemonstranten auf der Strecke eine Sitzblockade angefangen hätten und die Bullen Wotan und den anderen Anführern jetzt eine alternative Route vorschlügen.

„Aufs Maul!", sagte Konrad nur und fixierte böse eine Polizistin, die gerade in seine Richtung sah.

Dann setzte sich unser Zug in Bewegung. Wir marschierten ruhig und friedlich, Wotan lief mit einem Megafon vorweg, durch das er hin und wieder ein paar

Anweisungen gab. Manchmal auch einen Spruch, der von uns ruhig weitergetragen wurde.

Ein paar Straßen weiter sah ich sie: Antifa! Rein äußerlich unterschieden sie sich nicht im Geringsten von unserem schwarzen Block. Sie trugen Kapuzenpullis, Palästinensertücher, Che-Guevara-Shirts, wie ich es kurz zuvor bei einem Kameraden gesehen hatte. Selbst ihre Fahne ähnelte der unseren, ebenso unsere Slogans. Ich hatte einen entdeckt, den zwei Kameraden auf einem Banner trugen: *Revolution – Wann, wenn nicht jetzt?* Die Antifa hatte ein Banner, auf dem stand: *Revolution – Sofort!*

Wir sind friedlich, dachte ich, aber was seid ihr? Aus den Fenstern längs der Straße sahen uns Leute interessiert zu, als wären wir ein Karnevalszug. Noch während ich dachte, dass wir jetzt Bonbons schmeißen müssten, prasselten die ersten Steine aus den Reihen der Antifa auf uns nieder.

Ich duckte mich. Die Polizisten versuchten die Steinewerfer rauszuholen, aber die waren längst in der Gruppe verschwunden. In unseren Reihen wuchs die Wut, und Wotans Beschwörungen, ruhig zu bleiben, ähnelten mehr und mehr dem Versuch, ein Loch in einem Staudamm mit einem Finger zuzuhalten.

Alles rannte und jagte auf die Gegendemonstranten zu, dazwischen Polizisten, die auf jeden einknüppelten. Konrad riss mit den Zähnen einen Stoffstreifen in Fetzen, die er in einen Molli stopfte und in Brand setzte. Er warf die Flasche, weit ausholend, mitten in die Gegendemonstranten. Die Menge spritzte auseinander wie Wassertropfen, als das Glas klirrend zersprang. Brennende Flüssigkeit lief über das Pflaster und erfasste ein Mädchen, das gestolpert war und nicht mehr schnell genug weg konnte. Die Flamme hatte sich bereits in ihre Strumpfhose gefressen. Ich weiß nicht, ob ich ihre Schreie wirklich hörte oder ob ich sie mir nur einbildete. Aber ich sah ihren weit aufgerissenen Mund und ihr schmerzverzerrtes Gesicht. Ein Junge stürzte auf sie zu und erstickte die Flammen mit seiner Jacke.

„Volltreffer!", sagte Gunter und klatschte Konrad ab. In diesem Moment verachtete ich die beiden.

Ich sah mich nach Renée um, konnte sie im Gewühl aber nicht entdecken. Gerade als ich etwas zu Konrad sagen wollte, traf mich ein Hieb an der Schulter. Ich drehte mich um und sah einen Polizisten, der auf jemand anderen einschlug. Ein Demonstrant trat ihm gegen den Oberschenkel und schubste ihn, dass er auf das Pflaster schlug, wo sofort ein paar andere mit ihren Stiefeln auf ihn eintraten, bis ein Trupp Polizisten sie wegprügelte. Die Gegendemonstranten hatten inzwischen die Kette der Beamten durchbrochen und stürmten schreiend auf uns zu. Im Getümmel konnte ich Freund und Feind nicht auseinanderhalten. Die Autonomen beider Seiten sahen sich zu ähnlich. Ein Typ schlug mit einer langen Stange auf mich ein, bis er erkannte, dass ich auf seiner Seite war. Er entschuldigte sich und verfolgte, die Stange schwingend, ein Punkerpärchen. Ein Ansturm der Antifa riss mich von den Beinen. Ich schmeckte Blut, spuckte aus und duckte mich unter einem Schlag weg, als mir von der anderen Seite jemand mit voller Wucht ins Gesicht trat. Ich hörte, wie meine Zähne extrem laut aufeinanderschlugen, und für einen Augenblick senkte sich ein schwarzer Vorhang vor meine Augen. Ich schlug blindlings um mich, rappelte mich wieder auf und rannte los. Ich musste aus diesem Schlachthof raus, bevor es mich noch ernsthaft erwischte. Ich sah mich gehetzt um und entdeckte Gunter, der mit glänzendem Gesicht und zusammengekniffenen Lippen Schläge austeilte.

Es gab keinen Ausweg, ich war in der Falle, um mich herum tobte ein Krieg. Das einzig Sichere schienen mir die Gleise, die hinter dem Bahnhof entlangliefen und in der kalten Nachmittagssonne glänzten. Ich musste nur durch dieses Dickicht aus Polizeiuniformen kommen, das wie ein dichter Wald davor aufragte. Plötzlich war Renée an meiner Seite und zog mich weg. Wir duckten uns unter Schlägen, tauchten zwischen Beinen weg, stießen Leute aus dem Weg und landeten endlich in einem Hauseingang, in dem die Tür nur leicht angelehnt war. Wir schoben uns durch, drückten sie von innen zu und rannten in den Innenhof, wo wir uns hinter den Mülltonnen versteckten. Durch die Mauern gedämpft, hörten wir die Sirenen, das Geschrei, das Rennen unzähliger Schuhe. Renée und ich hielten uns an den Händen. Sie blutete aus einer Platzwunde am Kinn. Plötzlich wurde es leiser, als hätte jemand den Ton abgedreht. Vorsichtig verließen wir unser Versteck und spähten aus der Haustür. Niemand war zu sehen. Scheinbar war die Schlacht weitergezogen.

Was ich da gesehen hatte, hatte ich mir in meinen wildesten Träumen nicht vorstellen können. Warum dieser Hass auf allen Seiten?

„Weil es Menschen gibt, die verhindern wollen, dass wir das Land verändern. Sie haben Angst davor. Sie sind bequem. Und die anderen profitieren von dieser Bequemlichkeit. Die leben wie Vampire auf Kosten des deutschen Volkes, und der deutsche Volkskörper blutet aus", erklärte mir Renée.

„Das kann man doch auch friedlich klären", sagte ich und fühlte mich ohnmächtig, als wäre ich allein auf der Welt.

„Es gibt keine friedliche Revolution", sagte Renée. „Dabei fließt immer Blut. Das ist ein Naturgesetz. Du wirst dich schon daran gewöhnen."

Das würde ich nie, aber das verriet ich ihr nicht.

Am nächsten Morgen rief ich Gunter von Renées Wohnung aus an, und sagte ihm, dass ich direkt zum Bahnhof kommen würde und er meine Tasche mitbringen solle. Bevor er Fragen stellen konnte, legte ich auf. Renée hatte bereits Frühstück gemacht und erwartete mich in der Küche. Ich fragte sie nach Wotan.

„Ich bin nicht mit ihm zusammen. Er hätte das gern, aber ich will nicht. Ich will nicht die Freundin von jemandem sein. Das widerspricht meinen Grundsätzen. National zu sein heißt auch unabhängig zu sein."

Wir frühstückten zusammen, dann fuhr sie mich zum Bahnhof. Unterwegs redete sie unentwegt von der Bewegung und von ihrer Mädelgruppe. Ich hörte ihr zu und tat, als ob es mich interessierte, dabei hatte ich keine Lust, mich über Politik zu unterhalten. Das merkte Renée schließlich und ihre Begeisterung kühlte etwas ab. Wir verabschiedeten uns noch im Wagen und vereinbarten, in Kontakt zu bleiben.

Auf dem Bahnsteig erwarteten mich die Zwillinge. Konrad sprang auf mich zu und rieb seine Faust schmerzhaft über meinen Schädel. „Guck dir das Küken an", sagte er lachend zu seinem Bruder. „Kommt hier an und tut, als ob nichts gewesen wäre."

Gunter machte ein ernstes Gesicht. „Vögelt einfach diese völkische Emanze. Das war eine Scheißaktion", sagte er. „Du hast einen Kameraden hintergangen."

„Habe ich nicht", verteidigte ich mich.

„Wir konnten Wotan nur mit Mühe davon abhalten, dir hier auf dem Bahnhof die Eingeweide rauszureißen."

„Der meint das nämlich ernst", sagte Konrad und nahm mich feixend in den Schwitzkasten. „Kaum dabei, macht sich der Kleine schon die ersten Feinde", lachte er. „Aber ein deutscher Mann muss Feinde haben."

„Ich finde das weniger lustig", sagte Gunter. „Das bringt nur Unfrieden und schadet unserer Idee."

„Aber Renée ist nicht mit Wotan zusammen", sagte ich. „Sie ist doch nicht sein Eigentum."

„Hör mal zu, du kleiner Pisser", sagte Gunter böse und kam so nah an mich heran, dass sich unsere Nasen fast berührten. „Du kennst die Regeln nicht. Eine deutsche Frau gehört erst einmal ihrem Volk, so wie jeder andere, der sich unserer Idee verschreibt. Und wenn eine Führerpersönlichkeit wie Wotan sich für eine Frau interessiert, dann ist die für jeden Kameraden tabu. Das ist ein Gesetz. Und du hast es gebrochen."

„Lass ihm doch seinen Spaß", beschwichtigte Konrad seinen Bruder. „Und Renée und ihre komische Mädeltruppe kann man sowieso nicht ernst nehmen. Weiber, die schlauer sein wollen als der Rest, fallen am Ende auf die Nase, beziehungsweise dahin, wo sie hingehören: in die Küche und ins Wochenbett."

Als wir im Zug saßen, vermied ich das Thema und wartete darauf, dass Gunter sich wieder abregte. „Wie war es denn gestern noch auf der Demo?", fragte ich ihn, bekam aber keine Antwort.

„Es war Wahnsinn", sagte Konrad statt seiner. „Ich habe so einer blöden Zecke das Ohr halb abgerissen. War voller Blut von dem Schwein. Und guck mal hier." Er riss sich den Pullover hoch und drehte mir den Rücken zu. Ein blaugrüner Fleck mit roten Rändern zog sich oberhalb seiner Hüfte über die Haut. „Die Bullen haben …"

„Und dass du einfach abgehauen und uns im Stich gelassen hast, zeugt auch nicht gerade von deiner Wahrhaftigkeit und Treue", fuhr Gunter dazwischen. „Wir hatten Mühe, uns die rote Pest vom Leib zu halten."

„Am Ende haben sie aber ziemlich den Arsch vollgekriegt", sagte Konrad fröhlich.

„Und was ist mit Rob und Karl? Die mussten ins Krankenhaus", bemerkte Gunter böse.

Konrad winkte ab. „Kollateralschaden", sagte er.

Vor dem Bahnhof erwartete uns Reinhold. Er stand neben seinem Auto und grinste uns an. „Hab es schon im Radio gehört. War ja ein voller Erfolg."

Gunter ging wortlos an ihm vorbei und setzte sich auf den Rücksitz.

„Was ist mit dem los?", fragte Reinhold uns.

„Zu viel Großstadtluft", sagte Konrad und setzte sich neben seinen Bruder.

Ich nahm auf dem Beifahrersitz Platz.

„Uta hat Essen für euch gekocht", sagte Reinhold. „Sie freut sich schon darauf, von euren Erlebnissen zu hören."

„Meine Tante wartet auf mich", sagte ich, um zu vermeiden, noch länger mit Gunter zusammen zu sein.

„Das ist aber schade", sagte Reinhold. „Vielleicht kommst du später zu uns rüber."

Ich sagte, ich würde es versuchen, und verabschiedete mich von den anderen.

Tante Jeske, Onkel Rolf und ihre Kinder saßen gerade beim Mittagessen. „Du kommst und gehst auch, wie es dir passt, was?", fragte Tante Jeske. „Ich habe nicht für dich mitgekocht. Da musst du wohl eine Stulle essen. Ich wusste ja nicht, wann der Herr wiederkommt. Hättest ja mal anrufen können."

„Ja, ja", sagte ich nur und verschwand in meinem Zimmer. Ich saß auf dem Bett, sah aus dem Fenster, dachte an Renée und überlegte, ob ich in sie verliebt war. War ich nicht, kam ich nach einer Weile zu dem Schluss. Aber auch wenn es so wäre, gab Gunter das noch lange nicht das Recht, sauer auf mich zu sein. Schließlich sollte ich ihm doch viel näher stehen als Wotan.

Tante Jeske riss die Tür auf. „Hättest dich ruhig mal melden können aus Berlin. Wir wussten ja gar nicht, wo du steckst und wie es dir geht", sagte sie vorwurfsvoll. „Wir haben dich quasi großgezogen und das ist der Dank. Ein Fußtritt. Pfui!"

„Herrgott!", sagte ich. „Übertreib doch nicht gleich."

„Eine winzige Nachricht hätte doch gereicht. So musste ich Uta fragen, ob sich die Zwillinge gemeldet hätten."

Ich sah Tante Jeske fragend an. „Und, haben sie?"

„Ja", sagte sie. „Die beiden haben angerufen und gesagt, dass es euch allen gut geht. Weißt du, wie ich mir da vorkam? Ich muss eine fremde Frau fragen, wie es meinem

Neffen geht." Sie fing an zu weinen. „Geschämt habe ich mich."

„Lass mich doch in Ruhe mit diesem Scheiß. Dich interessiert doch gar nicht wirklich, wo ich bin. Du hast doch nur Angst, dass du meine Waisenrente nicht mehr bekommst."

Sie schnappte nach Luft, wollte etwas sagen, brachte aber nur ein leises Quietschen hervor. Ich zog meine Schuhe an, schnappte mir meine Jacke und stürmte an ihr vorbei.

„Am besten bleibst du gleich da!", rief sie mir vom Fenster aus hinterher. „Da scheinst du dich ja sowieso wohler zu fühlen."

Vor mich hinschimpfend, schlug ich die Tür zu. Sollte Tante Jeske doch zur Hölle fahren.

Die Gutshofbewohner hatten sich im Kaminzimmer versammelt. Freya und Uta waren mit Handarbeiten beschäftigt, die Zwillinge lasen, während Reinhold und Hartmut sich leise unterhielten. Eine richtige Bilderbuchgemeinschaft.

„Ben, schön, dass du da bist", begrüßte mich Reinhold.

Ich bekam Tee und Plätzchen, und Reinhold forderte mich auf zu erzählen, wie es mir in Berlin gefallen hatte.

„Gut", sagte ich und warf Gunter einen Seitenblick zu, doch der war in sein Buch vertieft oder tat zumindest so.

„Und du hast unsere Sache würdig vertreten, sagen die Zwillinge. Das war doch bestimmt aufregend, oder? Deine erste Demonstration und dann gleich so ein Feuerwerk", lachte Reinhold.

„Nur gut, dass die Jungs nichts abbekommen haben",

seufzte Uta. „Man darf in diesem Land einfach nicht mehr seine Meinung sagen."

„Die Gutmenschen haben die Meinungsdiktatur in diesem Land übernommen und die richten darüber, was gesagt werden darf und was nicht", kommentierte Reinhold.

Hartmut sah mich lauernd an und ich hatte das Gefühl, er wartete nur darauf, dass ich mich durch eine dumme Äußerung verriet. Bei ihm wurde ich den Eindruck nicht los, dass er mich als Eindringling sah, als jemand, der nicht dazugehörte. Besonders nach der Prügelei in Berlin und dem albernen Streit um Renée fragte ich mich tatsächlich, wie weit ich gehen würde. Ich hatte keine Lust auf Straßenkampf. Bisher hatte ich am Computer gesessen, war mit den Zwillingen durch den Wald gestreift, hatte völkische Bücher gelesen und mit Reinhold und Uta diskutiert, aber Leute zu verletzen war etwas ganz anderes.

Ich streckte mich in einem Sessel aus. Ich war müde und hatte keine Lust auf die üblichen politischen Gespräche. Am liebsten hätte ich geschlafen, aber zu Hause hätte Tante Jeske mich genervt und außerdem hatte sie mich ja quasi rausgeschmissen. Für einen Augenblick fühlte ich mich allein auf der Welt. Lag es an mir? Machte ich die Leute wütend mit meiner Art? Vielleicht funktionierte ich nicht richtig. Ich hatte mich schon immer als Außenseiter gefühlt, doch als Reinhold und die anderen ankamen, dachte ich, dass ich zu ihnen gehören konnte. Jetzt war ich mir nicht mehr sicher.

„Bedrückt dich etwas, Benjamin?", fragte Uta, vor der ich nichts verbergen konnte und die mir meine Stimmung ansah. „Komm, wir gehen mal in die Küche und ich mache dir einen Tee."

Während sie den Wasserkocher anstellte, erzählte ich ihr von dem Streit mit Tante Jeske. Uta hörte nachdenklich zu, hin und wieder hakte sie nach.

„Ich werde deine Tante nachher mal anrufen", sagte sie. „Das kriegen wir schon hin."

„Da ist noch was", sagte ich. Uta sah mich erwartungsvoll an. Im Bruchteil einer Sekunde warnte mich eine innere Stimme den Mund aufzumachen, aber der war schneller: „Ich habe ein Mädchen kennengelernt."

Uta nickte langsam, als müsse sie die Information in ihren Kopf einsickern lassen.

Ich erzählte ihr, was passiert war, und auch von meinem Streit mit Gunter.

„Du bist noch jung", begann sie. „Deswegen ist das zu entschuldigen." Sie sah mich eindringlich an. „Aber solche Mädchen sind nichts für dich. Ich kenne Renée und auch ihre Mädelschar. Selbst wenn sie für unsere Sache kämpfen, für die ist das alles nur ein großer Spaß. Die stellen alles infrage und einen Monat später rennen sie einer anderen Bewegung hinterher. Mädchen wie Renée nehmen das nicht ernst, die wollen keine Verantwortung übernehmen, keine Konsequenzen tragen. Allein schon der Umstand, dass sie dich zu sich nach Hause mitgenommen hat …"

Das Blut schoss mir heiß ins Gesicht und ich errötete bis in die Haarspitzen.

„Ein ordentliches deutsches Mädel hätte das nicht gemacht. Das weiß um seinen Platz in unserer Gesellschaft. Die Frau ist die Hüterin des Herdes und nicht die Hure der Herde." Die letzten Worte hatte sie voller Bosheit gesagt. „Nimm mal Freya." Uta beugte sich zu mir. „Und ich rede jetzt sehr offen mit dir, Benjamin, denn deine Offenheit erfordert ein ehrliches Wort."

Ich nickte. Es tat gut, mit einem Menschen zu reden, der mich ernst nahm und der mir zuhörte.

„Ich würde Freya lieber tot als in Schande wissen. Und was Renée mit dir gemacht hat, das tut niemandem gut. Sie hat mit deinen Gefühlen gespielt und ebenso mit Wotans."

Als ich etwas sagen wollte, winkte sie ab. „Ich werde mit Gunter reden und nun Schluss damit." Unser Gespräch war also beendet und wir gingen wieder zu den anderen.

Erleichtert setzte ich mich in den Sessel. Ich hatte das Gefühl, Uta hätte eine Bürde von mir genommen.

Am Abend gab es ein Krisengespräch zwischen Uta und Tante Jeske, und am Ende stimmte Tante Jeske zu, dass ich eine Weile im Gutshaus wohnte.

„Bleib, solange du willst", sagte Reinhold auf dem Weg in das Eckzimmer, in dem Uta und Freya mir ein Bett bezogen hatten. Ich streckte mich darauf aus und hatte das Gefühl, dass die Welt doch nicht so ungerecht war, wie es den Anschein gehabt hatte.

Am nächsten Morgen ging ich vor der Schule nach Hause, um meine Sachen zu holen. Tante Jeske stand in der Küche. Sie kehrte mir den Rücken zu und beachtete mich nicht. Onkel Rolf saß am Tisch und trank Kaffee. Ronald war schon weg, Veronika sagte, sie würde mit mir zum Bus gehen.

Ich packte ein paar Klamotten in eine Reisetasche, ein paar Bücher, meine Zahnbürste, und ging wieder nach unten. Tante Jeske war verschwunden.

„Sie hat die ganze Nacht kein Auge zugetan", sagte Onkel Rolf. Es klang nicht vorwurfsvoll. „Irgendwann müsst ihr mal miteinander reden."

Ich nickte und ging mit Veronika zur Haltestelle. Unterwegs sagte sie, dass sie auch gern mal nach Berlin fahren würde. Zu meinem Streit mit Tante Jeske schwieg Veronika, was ich ihr hoch anrechnete.

„Kommst du bald wieder nach Hause?", fragte sie, als wir uns verabschiedeten.

„Mal sehen", sagte ich. „Ich muss erst mal rausfinden, wo das ist."

Wenn Spinnen in die Häuser kriechen,
sie einen kalten Winter riechen

Ich schrak verwirrt hoch. Für einen Moment war ich tat-sächlich eingeschlafen, was bei dieser Kälte tödlich enden konnte. In der Nähe krächzte ein Käuzchen. Nach einem alten Aberglauben kündigten diese Tiere den Tod an. Ich vertrieb diesen Gedanken sofort, aber ganz abstellen ließ er sich nicht. Schließlich war ich dem Tod begegnet.

Und jetzt war er auf der Suche nach mir, weil ich etwas gesehen hatte, das ich nicht hätte sehen dürfen.

Sie würden mich als Mitwisser umbringen. Ich hatte zu lange mit ihnen gelebt, mit ihren Geheimnissen und ihrem schrägen Weltbild. Verräter hatten da keinen Platz, die mussten verschwinden. Wer sich gegen sie stellte, der hatte den Tod verdient. Das hatte ich unterschätzt, weil ich mir eingebildet hatte, ich wäre sicher, ja, ich wäre sogar einer von ihnen.

In den nächsten Tagen war der Himmel grau und mit Schneeschleiern verdeckt, die wie riesige Zugvögel da-hinschwebten. Die Temperaturen sanken bis kurz über den Gefrierpunkt. Seit drei Tagen wohnte ich nun im Gutshaus. Die Bewohner hatten mich aufgenommen und ich fühlte mich wie ein Familienmitglied. Wir aßen zu-sammen, lachten viel und diskutierten.

Gunter war mir gegenüber noch immer etwas schweig-sam. Konrad dagegen störte sich nicht an dem Streit zwi-schen seinem Bruder und mir. Am Abend zuvor hatte er mich nach dem Abendessen beiseitegenommen. „Komm mit, ich zeig dir mal was."

Ich folgte ihm in den Keller, der sich weitverzweigt unter dem ganzen Haus erstreckte. In einer kleinen, engen Kammer wühlte er im Gerümpel herum, bevor er mit einer Holzkiste, die schwer zu sein schien, wieder auftauchte. Als er sie öffnete, glitzerten im Schein der Lampe unzählige Messinghülsen. Ich staunte, dass die Zwillinge die Patronen sogar poliert hatten.

„Das ist ja eine ziemliche Menge", sagte ich.

Konrad strahlte mich an. „Das ist nur der Anfang. Wir werden noch mehr finden. Und dann ..."

„Was dann?", wollte ich wissen.

Er sah mich erstaunt an, als müsse ich wissen, was sie damit vorhatten. „Dann gibt es eine schöne Explosion", sagte er und klopfte mir auf den Rücken. „Komm mal wieder mit, am besten gleich morgen."

„Mal sehen", wich ich aus.

Am nächsten Tag sah ich die Zwillinge von meinem Fenster aus über die Wiese Richtung Flugplatz stapfen. An ihrer Seite Muck, die freudig bellend an Gunter hochsprang, der ihr einen Tritt gab. Wahrscheinlich hatte Reinhold ihnen wieder aufgetragen, Muck abzurichten. Ich lachte vor mich hin, als ich mir die Gesichter der Zwillinge vorstellte, als sie erfahren hatten, dass sie die Hündin mitschleppen mussten. Reinhold duldete keine Widerrede.

Immer wieder fiel mir auf, wie sehr alle im Gutshaus auf ihn hörten. Vor allem die Zwillinge. Sie hingen an seinen Lippen und plapperten alles nach, wie Papageien. Manchmal scheuchte er die beiden in einem ziemlich harten Ton durch die Gegend. Und auch die anderen mussten seine Anweisungen befolgen, sonst verlor er schnell die Geduld und wurde wütend. Zu mir dagegen war Reinhold immer freundlich, als wäre ich sein eigener Sohn. Manchmal stellte ich mir tatsächlich vor, er wäre mein Vater. Ich hatte mir schon früher vorgestellt, mein richtiger Vater hätte den Unfall irgendwie überlebt und nur sein Gedächtnis dabei verloren. Jetzt irrte er womöglich ohne Erinnerung herum, ohne zu wissen, wer er war. Und irgendwann würde er wieder auftauchen, weil ihm endlich einfiel, dass er einen Sohn hatte. Ich konnte mir Reinhold gut als meinen Vater vorstellen, ganz anders als Hartmut. Der Mann im Hintergrund, der nie auffiel, nie lächelte, nie das Wort ergriff und den seine Söhne nicht im Geringsten ernst nahmen.

Als ich am nächsten Tag von der Schule kam, hatte ich eine Mail von Wotan in meinem Posteingang. Was will der von mir?, überlegte ich, während ich sie öffnete. Ich dachte an Renée und hatte irgendwie ein blödes Gefühl.

Betreff: Weh dem, der schwach ist.

Lieber Kamerad,
und ich bin nicht schwach, das kann ich dir versichern. Das obige Zitat hat unser aller und ewiger Führer seinen Gegnern entgegengeschleudert und sie am Ende seine Kraft spüren lassen. Denn er war ein Tatmensch, diese unsere Lichtgestalt. Bist du ein Tatmensch oder bist du ein Blatt im Wind, das sich bald hierhin, bald dorthin treiben lässt? Normalerweise habe ich Gegner, keine Opfer, in deinem Fall aber mache ich eine Ausnahme. Kein Glanz scheint über dir, auch wenn du dich jetzt als ganzen Mann betrach-

test. Als Mann aber hast du Verantwortung zu überneh-
men. In diesem Fall für einen ruchlosen Verrat.
Ein paar Kameraden durften übrigens ein paar unschöne
Dinge mit Renée anstellen. Sie lässt dich grüßen, zumindest
soweit ich das aus ihrem zerschlagenen Maul verstanden
habe.
Ich nehme an, du fühlst dich jetzt schuldig und bereust.
Aber das reicht bei Weitem nicht aus. Feind zu sein, setzt
eine starke Natur voraus, hat Nietzsche postuliert. Bist du
eine starke Natur?

MDG
Wotan

PS: Der Gott, der Eisen wachsen ließ, wollte, dass wir uns
dessen bedienen.

Ich wählte Renées Handynummer, doch nur die Mail-
box ging ran. „Melde dich sofort, wenn du das hörst",
hinterließ ich ihr.

Nach ein paar Minuten schickte Renée eine SMS: *Lass*
mich in Ruhe.

Ich schrieb zurück, wie es ihr gehe, sie schrieb: *Präch-*
tig! In Zukunft werde ich wohl ein bisschen hinken und
öfter mal zum Zahnarzt müssen, aber was ist das schon?

Kurz darauf kam eine weitere Nachricht von ihr: *Ich*
steige aus der Szene aus. ICH MÖCHTE KEINEN KON-
TAKT MEHR ZU DIR!

Ich ließ das Handy sinken. Für einen Augenblick überlegte ich, nach Berlin zu fahren und Renée zu besuchen,
aber was hätte das gebracht? Es war passiert, ich konnte

nichts mehr machen, und wenn sie aus der Szene ausstieg, umso besser. Ich sollte mir lieber um mich Sorgen machen. Wotan war ein ziemlich kranker Typ.

Ich beschloss, am Abend mit Gunter und Konrad darüber zu reden. Als es klopfte, klickte ich schnell die Mail von Wotan weg.

Freya steckte ihren Kopf zur Tür rein. „Guckst du dir verbotene Seiten an?", fragte sie.

„Quatsch!", sagte ich.

„Ich dachte, du hast vielleicht Lust auf einen Spaziergang?"

Hatte ich nicht, aber Freya ließ nicht locker und so gab ich nach. „Aber nur eine kleine Runde", sagte ich.

Wir packten uns dick ein und marschierten los. Als wir außer Sichtweite des Gutshofes waren, zog sie ihren rechten Handschuh aus und streifte meinen linken ab, bevor sie meine Hand nahm. Wir gingen schweigend, bis Freya sagte: „Soll ich dir ein Geheimnis verraten?" Doch sie zierte sich erst noch ein bisschen. „Du darfst es niemanden erzählen", meinte sie. „Vor allem den Zwillingen nicht."

Ich versprach es ihr, aber das reichte Freya nicht, und so hob ich die Hand zum Schwur.

Freya sah sich um, als hätte sie Angst, jemand könnte mithören. „Die Mutter von den beiden ist gar nicht tot", sagte sie schließlich leise.

Ich sah sie erstaunt an. „Wie meinst du das?", fragte ich.

„Genau so", sagte Freya. „Sie ist nicht tot. Sie hat Hartmut und die Zwillinge verlassen. Sie wollte anders leben." Freya schüttelte sich kurz, als würde sie sich vor etwas ekeln. „Sie hat gesagt, dass sie Reinhold nicht mehr ertragen kann und von der Nationalen Sache auch nichts mehr wissen will. Und dann hat sie Hartmut erpresst, sie hieß übrigens Karin", unterbrach Freya ihren Satz, „dass er mit ihr und den Zwillingen weggehen soll. Das wollte Hartmut aber nicht, deswegen ist sie abgehauen. Aber weißt du, was das Schlimmste war?" Als ich nicht sofort antwortete, redete Freya weiter, wobei ihre Stimme schärfer wurde. „Bevor sie weg ist, gab es einen Riesenstreit, das hat mir meine Mutter erzählt, und da hat Karin zum Abschied gesagt: Das deutsche Volk kann sie mal am Arsch lecken! Kannst du dir so was vorstellen?" Freya sah erschüttert aus und so drückte ich kurz ihre Hand.

„Sie lebt jetzt in Oldenburg und hat eine neue Familie", redete Freya im Plapperton weiter. „Sie schreibt den Zwillingen manchmal, aber die wollen nichts von ihr wissen, deswegen sagen sie, dass ihre Mutter tot ist. Was ich auch für richtig halte. Das hat sie nicht anders verdient."

Ich war sprachlos. Die Zwillinge hatten also eine Mutter, mit der sie nichts zu tun haben wollten. Freya sah mich triumphierend an. „Guck mal, Wildgänse!", rief sie plötzlich und zeigte nach oben. Eine Schar flog V-förmig über uns hinweg. „Die sind aber spät dran", sagte sie. „Hoffentlich schaffen sie es noch rechtzeitig."

„Bestimmt", versicherte ich, war in Gedanken aber woanders. Wie konnte man sich für seine Mutter schämen? Was war mit den Zwillingen los? Wieder wurde mir klar, wie wenig ich sie kannte. Immer wieder zeigten sich neue Seiten ihrer Persönlichkeiten, die mich abstießen.

Freya sagte irgendwas, aber ich hörte nicht zu und nuschelte nur zustimmend. Da spürte ich ihre Lippen auf meinen, und wir küssten uns eine ganze Weile.

„Meine Eltern, aber auch die Zwillinge, dürfen nichts von uns wissen", beschwor sie mich atemlos. „Das ist unser Geheimnis."

„Ja", sagte ich und fasste ihre Hand fester.

„Hast du mir nicht auch etwas zu sagen?", sagte Freya, während sie wie beiläufig einer Wildgans nachsah, die scheinbar den Anschluss an ihre Schar verloren hatte. Unsere Blicke trafen sich und in diesem Moment erinnerte mich Freya an ihre Mutter, die einen auch mit diesem stählernen Blick zu Boden zwingen konnte. Mir wurde klar, dass Uta ihrer Tochter die Geschichte mit Renée verraten hatte.

„Erinnerst du dich? Ich sage nur: Berlin."

Ich druckste ein wenig herum, dann erzählte ich Freya von Renée, wobei ich ein paar Einzelheiten ausließ. Ich hatte das Gefühl, Renée zu verraten. Freya sah mich prüfend an, dann nahm sie wieder meine Hand und sagte: „Du weißt, dass das nicht in Ordnung war?" Ich nickte wie ein ertappter Schuljunge, der bei seinem Banknachbarn abgeguckt hatte.

„War sie hübsch?"

„Geht so", stotterte ich.

„Hübscher als ich?"

Jetzt saß ich in der Falle. „Nee, nee", wehrte ich ab und hätte das Gespräch lieber in eine andere Richtung gedreht.

Aber Freya ließ nicht locker: „Bist du in sie verliebt?"

„Nein, bin ich nicht", sagte ich, was auch stimmte.

„Ich werde es dir verzeihen", sagte Freya, und für einen Moment war ich glücklich, weil ich dachte, ich wäre in Freya verliebt. Doch dann ging mir auf, dass das gar nicht stimmen konnte. Sicher, Freya war ein süßes Mädchen, aber ich konnte mich in niemanden verlieben, der keinen Funken Humor besaß und einen miserablen Musikgeschmack hatte.

Auf dem Weg zur Schule kam mir Mirko entgegen. Als er mich sah, drehte er um und ging in die entgegengesetzte Richtung davon. Soweit ich sehen konnte, hatte er sich den Kopf geschoren. Komisch, ich kannte ihn nur mit langen Haaren.

Brüggemann sah mich im Unterricht die ganze Zeit prüfend an, sicher hatte er von dem Stress mit Mirko und seinen Freunden gehört. Und tatsächlich, in der Pause sprach er mich an. Ich saß mit Timon unter der Linde, die einsam am Rand des Schulhofs stand, als er plötzlich auftauchte. „Ben, kann ich mal mit dir reden?", fragte er.

Ich sah zu Timon, der mit den Schultern zuckte und augenscheinlich auch nicht wusste, was Brüggemann wollte.

Wir gingen am Sportplatz die Hundertmeterbahn entlang, während Brüggemann sagte: „Das mit Mirko ist eine üble Geschichte."

Ich nickte, weil ich dachte, er meinte den Überfall auf mich, bis mir klar wurde, was passiert war.

„Jemanden zu bedrohen und zu schlagen ist schon schlimm genug, aber ihm den Kopf zu scheren ..." Brüggemann blieb stehen und sah mich an. „... das ist ...", er suchte nach Worten, „... höchst widerlich."

Wir gingen langsam weiter. „Dabei machen die Gutshausbewohner einen so guten Eindruck. Erst kürzlich war das nette Ehepaar wieder im Geschäft meiner Frau. Und wie ich gehört habe, interessieren sie sich sogar für germanische Mythologie. Wir wollen uns demnächst mal treffen. Der Reinhold hat ein starkes Interesse an der Geschichte unserer Region." Brüggemann blieb wieder stehen und sah mich an. „Mirkos Eltern wollten Anzeige erstatten, aber das habe ich ihnen ausgeredet."

Ich sah auf seine Füße. Trotz der Kälte trug er die üblichen grauen Wollsocken und Sandalen.

„Ich bin der Meinung, dass man das so regeln muss. Das gibt sonst nur unnötig böses Blut. Mirko ist ja nichts weiter passiert, außer dass seine Ehre verletzt worden ist. Aber das vergeht. Und außerdem haben Mirko und seine Freunde ja angefangen, wie ich gehört habe."

„Ja", sagte ich und verschwieg ihm, dass eigentlich die Zwillinge den Streit angefangen hatten.

„Wenn die Presse davon Wind bekommt ..." Brüggemann ließ den Rest des Satzes offen. „Mirkos Eltern verlangen jetzt jedenfalls eine Entschuldigung von dir."

„Von ... von mir?", stammelte ich. „Wieso von mir?"

„Weil du der Stein des Anstoßes bist", sagte Brüggemann. „Deinetwegen haben die Zwillinge doch erst damit angefangen."

Ich wusste nicht, was ich sagen sollte, also hielt ich lieber den Mund.

„Verspürst du denn kein Unrechtsbewusstsein?", fragte Brüggemann.

Ich horchte in mich hinein, konnte aber nichts finden. „Ich habe nichts gemacht", sagte ich stattdessen. „Die Zwillinge waren es doch."

Brüggemann sah mich lange an, dann schüttelte er seufzend den Kopf. „Verstehst du das unter Freundschaft? Die beiden haben sich für dich eingesetzt, wobei ihre

Mittel höchst verdammenswert sind, aber sie haben es für dich getan. Und jetzt willst du sie reinreiten. Du hast sie doch dazu angestachelt. Kennst du denn keine Ehre?"

„Ich habe sie nicht angestachelt", sagte ich.

„Das hast du vielleicht nicht bewusst getan, aber als deine Freunde fühlten sie sich natürlich verpflichtet, dir zu helfen. Das siehst du doch ein, oder?"

Ich hätte Uta gegenüber die Klappe halten sollen, schoss es mir durch den Kopf. Sie hatte es natürlich sofort den Zwillingen und sicherlich auch Reinhold verraten. Vielleicht hatte ich das ja insgeheim gehofft, zumindest wenn man Brüggemanns Logik folgte.

„Geh zu Mirko nach Hause und entschuldige dich bei ihm und seinen Eltern. Sie warten darauf." Er sah mich fest an. „Ansonsten rufen sie am Ende doch noch die Polizei und damit ist niemandem geholfen." Es klingelte. Die Pause war beendet und Brüggemann entließ mich.

Als ich Timon davon erzählte, sagte er: „Krasse Geschichte. Aber sieh es mal von der guten Seite. Mirko und seine Kumpels werden dich nicht mehr anrühren. Deine doppelten Freunde haben jetzt einen ziemlich schlechten Ruf."

Er hatte recht und ein bisschen war ich auch stolz, dass die Zwillinge meine Freunde waren. Es fühlte sich so an, als ob mir in Zukunft nichts mehr passieren könnte.

Ich trug den Zettel mit Mirkos Telefonnummer ein paar Tage mit mir rum, bevor ich anrief. Seine Mutter war dran. Ihre Stimme zitterte vor Aufregung, und ich hatte Angst, dass sie jeden Moment zu weinen anfing. „Ich geb dir mal seinen Vater", sagte sie.

Der Vater räusperte sich, dann gab er mir die Adresse ihres Hauses und nannte mir Datum und Uhrzeit, wann ich bei ihnen erscheinen sollte. Ich kam mir vor, als würde ich einen Arzttermin abmachen.

Am vereinbarten Tag machte ich mich nach der Schule auf den Weg ins Villenviertel. Was man so Villenviertel nannte in der Kreisstadt: sieben Häuser, ein paar Kastanien und eine verkehrsberuhigte Straße. An sechs Häusern hingen Schilder am Zaun: *Hier wache ich!*, und darunter war ein großer böser Hund zu sehen. In einem Vorgarten wachte nur ein alter Pudel, der mich müde anblinzelte.

Das siebte Haus gehörte Mirkos Eltern. Seine Mutter machte mir die Tür auf und begrüßte mich kühl. Sein Vater steckte den Kopf aus einem Zimmer, als ich im Flur meine Schuhe auszog. „Da ist ja der Übeltäter", sagte er. Es sollte witzig klingen, aber ich spürte, dass er es ernst meinte.

„Mirko! Kommst du mal?", rief seine Mutter nach oben. Ich folgte den beiden ins Wohnzimmer. Ein riesiges Panoramafenster gab den Blick auf einen verwilderten Garten frei. In großen Kübeln, die hinter der Scheibe standen, wuchsen Kräuter.

„Schafgarbe, das kenne ich", sagte ich zu Mirkos Mutter. „Uta kennt sich ziemlich gut aus damit. Sie versorgt bei uns im Dorf mittlerweile jeden mit ihren Salben und ihren Tees." Ich war nervös, deswegen redete ich einfach drauflos.

Mirkos Mutter sah mich befremdlich an. „Nun ja, wir sind eigentlich nicht hier, um über Heilpflanzen zu reden", sagte sie spitz.

Mirkos Vater beobachtete mich lauernd.

Endlich kam Mirko. Er gab mir lässig die Hand, dann setzte er sich aufs Sofa und sah aus dem Fenster. Seine Eltern boten mir den Platz neben Mirko an. Dann verschwanden sie in der Küche, um etwas zu trinken zu holen. Mirko und ich saßen schweigend nebeneinander und sahen aus dem Fenster in den Garten, wo wir zwei Elstern zusahen, die sich um einen kleinen blinkenden Stein stritten.

Mirko und ich grinsten uns an. Da tauchten seine Eltern wieder auf, boten mir einen warmen Kakao an und setzten sich auf Stühle uns gegenüber.

„Du weißt, dass das nicht in Ordnung war", sagte Mirkos Vater nach einer Weile.

Ich nickte.

„Nicht in Ordnung?", entfuhr es der Mutter laut. Sie war rot im Gesicht und ihr ganzer Körper schien vor Wut zu vibrieren. „Deine Freunde haben Mirko die Haare geschoren. Er sah aus wie ein KZ-Häftling."

„Nun übertreib doch nicht gleich!", rief Mirko.

„Das ist Körperverletzung", sagte sie wutschnaubend. Der Vater hielt sich jetzt raus, er überließ seiner Frau das Gefecht.

„Ich wollte doch nicht, dass so was passiert", sagte ich.

Mirkos Mutter schwieg und kaute auf ihrer Unterlippe. Wahrscheinlich sammelte sie gerade Munition. Und tatsächlich eröffnete sie kurz danach wieder das Feuer: „Das ist hochgradig kriminell."

Ich nickte wieder und fragte mich, warum ich momentan Ärger anzog wie ein Scheißhaufen die Fliegen. Da war doch was in Unordnung geraten im Universum.

Zum Glück kam Mirko mir zu Hilfe. „Ben war es doch gar nicht", sagte er. „Es waren die beiden anderen."

„Aber er ist schuld, dass es so weit gekommen ist", sagte sie zu ihrem Sohn. „Er ist der Stein des Anstoßes." Dann drehte sie sich zu ihrem Mann. „Was ist hier eigentlich los? Wieso beschuldigt einer den anderen und dein Sohn nimmt die Täter auch noch in Schutz? Was ist das denn für eine Kultur des Wegsehens!" Sie wandte sich wütend an mich: „Ich habe versucht, die beiden anzuzeigen, da wurde mir auf der Polizei geraten, die Sache nicht zu ernst zu nehmen, das sei ein Streit unter Jugendlichen, wie er ständig vorkomme. Außerdem müsse ich die Namen von denen wissen. Dann habe ich Mirko gefragt, der wollte mir nichts sagen. Dann habe ich seine Freunde gefragt, die wollten mir auch nichts sagen. Die haben gesagt, ich solle das lieber vergessen, das würde nur Ärger geben. Dann habe ich versucht rauszufinden, wie man an diese komischen Zwillinge rankommt, aber niemand scheint die zu kennen. Als ob sie Phantome wären. Dann habe ich mit deinem Lehrer gesprochen. Der hat mir gesagt, er würde mit dir sprechen. Und jetzt sitzt du hier, und ihr alle tut so, als wäre es nur eine kleine Kleinigkeit, dass meinem Sohn die Haare abgeschnitten worden sind. Als würde so was täglich vorkommen. Das bedeutet doch was. Jemandem die Haare zu scheren ist brutal, das ist keine Kleinigkeit. Damit demütigt man denjenigen." Ihr Mann legte ihr beruhigend die Hand auf den Unterarm. „Das kotzt mich an!", schrie sie plötzlich und fing an zu weinen. „Was ist denn bloß mit euch los?", fragte sie und sah von Mirko zu mir, während ihr die Tränen herunterliefen. „Hier geht doch irgendwas vor. Habt ihr vor irgendetwas Angst?" Ohne eine Antwort abzuwarten, fuhr sie fort: „Ich habe Angst. Ich habe wahnsinnige Angst. Angst um meine Familie, um meinen Sohn, der auf einmal in etwas hineingerät, das er nicht kontrollieren kann. Diese Verrohung macht mir Angst. Kinder, die mit Messern rumlaufen, Jugendliche, die sich gegenseitig erniedrigen. Was ist denn aus dieser Welt geworden?" Ihr Mann reichte ihr ein Taschentuch, mit dem sie sich die Augenwinkel abtupfte. „So war das zu meiner Zeit nicht. Da haben sich auch mal welche gekloppt, aber wenn Blut floss, war die Sache beendet. Heute geht es ja dann erst richtig los." Sie schniefte in ihr Taschentuch.

„Was ist denn mit deinen Eltern?", fragte sie mich. „Wollen die nicht wissen, mit wem du Umgang hast?"

Ich hob die Schultern. Wozu sollte ich ihr meine familiäre Situation erklären? Es war alles schwierig genug. „Ja, sicher", sagte ich. „Aber die haben viel zu tun."

Mirkos Mutter hob hilflos die Arme. „So geht es leider vielen heutzutage."

Dann erhob sich der Vater. „Ich muss zur Arbeit", sagte er und gab seiner Frau einen Kuss auf die Wange, wo sich rote Flecken vom Weinen gebildet hatten. Er gab seinem Sohn einen Klaps auf den Arm, nickte mir zu und verschwand.

Mirkos Mutter lächelte mich verlegen an. „Na ja", sagte sie und stand auf. „Ich rechne es dir hoch an, dass du zu uns gekommen bist. Ich muss jetzt auch los." Sie hielt mir die Hand hin. „Du scheinst ein netter Junge zu sein. Komm ruhig wieder, wenn du magst." Plötzlich fing sie an zu lachen. „Und wenn ich dich nicht verschreckt habe."

„Nein, nein", versicherte ich. Dann stand ich mit Mirko allein im Wohnzimmer und wir hörten die Haustür klappen.

„Willst du noch mit hochkommen?", fragte er.

Wir gingen in sein Zimmer und spielten am Computer.

„Deine Mutter ist ziemlich nett, aber auch ziemlich heftig", sagte ich, während ich am Joystick drehte, um Mirkos Troll den Kopf abzuschlagen.

„Ja, sie kann ziemlich aufdrehen", sagte Mirko und zauberte mir das Schwert aus der Hand.

Kaum war ein Problem aus der Welt, tauchte auch schon das nächste auf. Ich musste irgendwo eine Quelle angebohrt haben. Dabei hatte ich mich nur im Geschichtsunterricht gemeldet und gesagt, dass die Autobahnen doch keine schlechte Sache gewesen seien, die die Nationalsozialisten im Dritten Reich hatten bauen lassen.

Herr Koppelew wurde rot, dann schrie er los, dass er diesen faschistoiden Schwachsinn in seinem Unterricht nicht dulde. Kurz darauf fand ich mich beim Direktor wieder, beziehungsweise in dessen Vorzimmer, wo seine strenge Sekretärin Frau Raban darüber entschied, wer vorgelassen wurde und wer nicht.

Ich sah aus dem Fenster, an die Decke, studierte das Teppichmuster, versuchte etwas auf dem abstrakten Bild an der Wand zu erkennen, wobei Frau Raban mich nicht aus den Augen ließ. Als ich endlich reingerufen wurde und an ihr vorbeiging, schüttelte sie den Kopf und machte: „Ts, ts, ts!"

Der Direktor sah mich besorgt an, als wäre ich schwer krank. „Nun?", fragte er, als ich ihm gegenüber Platz genommen hatte, während Koppelew mit hinter dem Rücken verschränkten Armen an der Wand lehnte und sich mühsam beherrschte.

„Du vertrittst da eine ziemlich kuriose Meinung", sagte der Direktor.

„Aber es stimmt doch", sagte ich. „Hitler hat die Autobahnen bauen lassen und die Leute hatten Arbeit. Was ist daran falsch?"

Der Direktor blickte zu Koppelew, der mich angeekelt ansah.

„Die Idee für die Autobahn stammt aus den Zwanzigerjahren und hat überhaupt nichts mit Hitler zu tun", sagte der Direktor sanft.

„Aber Hitler hat sie gebaut", beharrte ich. „Er hat den Leuten Arbeit gegeben."

„Hitler war ein Verbrecher und Mörder, und die paar Arbeitslose, die seine Autobahn bauen durften, wurden wenig später im Krieg verheizt!", brüllte Koppelew los. „Das ist verdammte Nazipropaganda, ein Märchen, das immer wieder als Rechtfertigung herhalten muss."

„Aber es stimmt doch, dass im Dritten Reich die Autobahnen gebaut wurden und die Arbeitslosigkeit gesunken ist, das kann man doch nicht leugnen", sagte ich und merkte, dass ich vor allem dagegenredete, weil Koppelew so selbstherrlich war und nie eine andere Meinung neben seiner eigenen gelten ließ. Wer ihm nicht nach dem Mund redete, der bekam schlechte Noten. Koppelew bildete sich was auf seine politische Meinung ein, er saß sogar für eine linke Partei im Rathaus. Die Guten waren für Koppelew immer die Sozialisten, egal, was die angerichtet hatten in Russland oder in der DDR. Schuld an allem Übel in der Welt waren immer die Rechten. Koppelew war ein arrogantes Arschloch.

„Das hat ein Nachspiel", sagte er wutschnaubend und verließ das Zimmer.

„Tja, Benjamin", sagte der Direktor, als wir allein waren. „Du machst uns ganz schön Sorgen. So warst du doch früher nicht." Er sah mich aufmerksam an, aber ich wich seinem Blick aus und zählte stattdessen die Bleistifte, die in einem Marmeladenglas auf dem Schreibtisch standen.

„Mit so einer Meinung machst du dir keine Freunde", sagte er freundlich.

Ich hob die Schultern.

„Du musst doch auch an später denken. Mit so einer Einstellung wird es schwierig sein, einen Ausbildungsplatz zu finden."

„Den kriege ich sowieso nicht", sagte ich. „Den kriegen die Abiturienten und die Ausländer."

Der Direktor schmunzelte. „Wie kommst du denn darauf?"

„Weil das in Deutschland eben so ist. Die Schwulen und die Ausländer werden bevorzugt und die Deutschen kriegen gar nichts. Höchstens Hartz IV."

Die Stimme des Direktors klang nun nicht mehr freundlich: „Schluss jetzt! Ich denke, wir müssen mit deiner Tante und deinem Onkel reden."

„Meinetwegen", gab ich zurück und fing mit den Bleistiften von vorn an, weil der Direktor mich unterbrochen hatte.

„Du gehst besser nicht zurück in den Unterricht zu Herrn Koppelew. Setz dich in die Cafeteria und warte auf die nächste Stunde."

Statt in die Cafeteria zu gehen, schlenderte ich über den Sportplatz, den eine sechste Klasse in Sportkleidung gerade umkreiste.

Ihr könnt mich alle mal, dachte ich. Solange ich funktionierte, war ich euch egal, aber sobald ich eine andere Meinung habe, bekommt ihr Angst um eure kleinliche Ordnung.

Aber das machte ich nicht länger mit, ich wollte sagen, was ich dachte. Ich war voller Wut auf die Koppelews und die anderen Gutmenschen dieser Welt, die Toleranz predigten, aber nicht weiterwussten, die harte Schiene fuhren und einen zur Ordnung riefen, wenn es darauf ankam. Die Erwachsenen waren verlogen und verdrehten die Wahrheit, wie es ihnen passte.

Am Abend im Gutshaus stand auf einmal Tante Jeske in der Tür. Sie sah mich nicht an. „Ich würde gern mal mit Ihnen reden", sagte sie zu Uta und Reinhold.

Die beiden warfen sich einen Blick zu.

„Selbstverständlich", sagte Reinhold.

„Geht es um Benjamin?", fragte Uta.

„Ja", hauchte Tante Jeske und nickte in meine Richtung. „Er hat Ärger in der Schule."

„Gehen wir in die Küche", schlug Reinhold vor.

Als ich mich erhob, um mitzugehen, sagte Tante Jeske: „Du bleibst lieber hier."

„Aber sollen wir das nicht lieber mit Benjamin besprechen?", sagte Uta. „Das geht ihn doch auch was an."

Tante Jeske seufzte resigniert.

Wir saßen um den Küchentisch und Tante Jeske erzählte, wie sie gerade Kartoffeln geschält hatte, als der Direktor bei ihr anrief, und wie sie aus allen Wolken gefallen war. „Benny!", sagte sie vorwurfsvoll, nachdem ihre Erzählung beendet war. „Wie kommst du nur auf so was?"

Ich sah zu Reinhold, der kaum merklich den Kopf schüttelte.

„Ich denke mal, er wollte seinen Lehrer nur provozieren", sagte Uta zu Tante Jeske. „Benjamin hat mir den Koppelew beschrieben. Ich kann mir gut vorstellen, dass dieser Mann zum Widerspruch reizt. Einer, der denkt, er wüsste alles besser."

Tante Jeske nickte. „Ja, ein unangenehmer Mann. Der kann einen so richtig spüren lassen, dass unsereiner nicht studiert hat."

„Sehen Sie", sagte Reinhold. „Da sagt man schnell mal was Unüberlegtes, stimmt's, Benjamin?"

Ich nickte.

Tante Jeske sah mich prüfend an. „Trotzdem gefällt mir das nicht", sagte sie. „Ich verstehe den Jungen nicht mehr." Sie wich jetzt von ihrem ursprünglichen Weg ab und verhedderte sich im Unterholz ihrer Gefühle. Ich kannte das schon. Ich wusste sogar, dass sie als Nächstes sagen würde: Ich komme nicht mehr an Benny heran. Diesen Satz hatte ich sie oft genug zu Onkel Rolf sagen hören.

„Ich komme nicht mehr an Benny heran", sagte Tante Jeske wie aufs Stichwort.

„Benjamin macht eine schwierige Zeit durch", sagte Uta. „Erinnern Sie sich doch an Ihre eigene Jugend. Mit fünfzehn ist man auf der Suche nach seinem Platz im Leben. Und mal ganz ehrlich", sie griff über den Küchentisch und nahm Tante Jeskes Hand in ihre, „wir Erwachsenen machen es den Kindern nicht gerade leicht."

Tante Jeske hatte Tränen in den Augen. „Aber was soll ich denn machen? Seit dem Tod meiner Schwester kümmere ich mich um den Jungen. Das ist nicht einfach. Drei Kinder und alle verschieden. Aber wir haben Benny nie das Gefühl gegeben, dass er nicht dazugehört."

Ich hätte am liebsten laut gelacht, aber Utas Blick hielt mich davon ab. Sie tätschelte Tante Jeskes Hand. „Sie müssen ihm Zeit lassen", sagte sie.

„Meinen Sie?", schniefte Tante Jeske. „Aber was ist mit diesem Nazivorwurf?"

„Sie sollten sich nicht weiter darum kümmern, wir klären das schon", sagte Reinhold, während Uta noch einmal Tante Jeskes Hand tätschelte.

„Lassen Sie Benjamin noch ein paar Tage hier bei uns, das tut Ihnen allen gut. Wir bringen ihn schon auf den rechten Weg", sagte Reinhold und zwinkerte mir zu.

Tante Jeske sah mich mit tränenverschmierten Augen an. „Willst du noch ein paar Tage bleiben?"

„Ja", sagte ich und hatte fast den Eindruck, dass Tante Jeske ein wenig erleichtert war. So blieb der Unfrieden in meiner Gestalt ihrem Haus noch etwas fern.

„Ich danke Ihnen vielmals", sagte Tante Jeske auf der Außentreppe, umarmte erst Uta, dann Reinhold und winkte mir zum Abschied, ehe sie in der Dunkelheit verschwand.

„Hallo, Ben!", hörte ich eine Stimme hinter mir, als ich über den Schulhof ging. Es war Brüggemann. „Hör mal", sagte er. „Nimm das alles nicht so ernst. Du tust Koppelew gegenüber einfach so, als würde dir das alles leidtun. Wenn du deine Noten hast und in ein paar Jahren aus der Schule raus bist, wirst du über Koppelew lachen. Aber du hast dir wenigstens deinen Abschluss nicht versaut. Koppelew sitzt im Prüfungsausschuss, der kann dir eine Menge Ärger machen." Er sah mich fragend an. „Okay?"

Brüggemann war zwar ein Spinner, aber in Ordnung. „Okay", sagte ich.

„Uta und ihr Mann waren wieder im Geschäft meiner Frau", wechselte Brüggemann das Thema. „Was für nette Menschen, davon bräuchten wir viel mehr hier in der Gegend."

„Ganz meine Meinung", sagte ich und eilte zum Sport.

In den letzten Tagen war so viel passiert, dass ich Wotan vollkommen vergessen hatte. Selbst den Zwillingen hatte ich nicht von seiner Mail erzählt. Als ich von der Schule zurück ins Gutshaus kam, setzte ich mich an den Computer der beiden und checkte meine Mails. Eine war von Wotan.

Betreff: Einladung zur baldigen Eröffnung des Hauses der Schmerzen

Lieber Benjamin,
du dachtest sicher, ich hätte dich vergessen. Mitnichten! Denn ich bin dein Anfang und dein Ende. Der Erste und der Letzte. Man sollte nicht glauben, wie weit der menschliche Geist in der Fantasie bereit ist, zu reisen. Bis an die Grenze des gerade noch Erträglichen. Ich habe unsägliche Orte besucht, Dinge gesehen, die auszusprechen ich in der Öffentlichkeit nicht wage. Dorthin werde ich beizeiten mit

dir gehen. Dann wirst du verstehen, von welch grausamer Pracht ich hier spreche.

MDG von deinem Freund Wotan

Ich überlegte, die Mail zu ignorieren, doch dann schrieb ich zurück:

Betreff: AW: Einladung zur baldigen Eröffnung des Hauses der Schmerzen

Wotan,
es tut mir leid, dass es so gekommen ist. Ich wusste nicht, dass du Ansprüche auf Renée hattest. Wenn ich das gewusst hätte, hätte ich mich von ihr ferngehalten. Leider hat mir das niemand gesagt und deshalb habe ich

… was?, überlegte ich und wusste nicht weiter. Ich las das Geschriebene noch einmal durch und fragte mich, warum ich eine so kriecherische Mail an Wotan schrieb und wofür ich mich eigentlich entschuldigte. Er war nicht mal mit Renée zusammen gewesen. Was ging ihn das überhaupt an? Ich löschte die Zeilen und schrieb:

Wotan!
Du solltest deine Energie lieber in unseren gemeinsamen Kampf stecken.

MDG
Ben

Dann schaltete ich den Computer aus und ging nach unten. Reinhold saß in der Küche und las Zeitung. Vom Fenster aus sah ich Uta in ihrem Kräutergarten arbeiten.

„Na, Ben!", sagte Reinhold und faltete seine Zeitung zusammen. „Was hast du vor?"

„Nichts weiter", sagte ich.

„Schade, ein tätiger Geist sollte immer mit etwas beschäftigt sein. Das hat Goethe uns gelehrt." Er zeigte mit der Zeitung auf den Stuhl neben sich. Als ich mich gesetzt hatte, sagte Reinhold: „Du solltest vorsichtiger sein mit deinen Äußerungen. Die meisten Menschen sind noch nicht reif dafür. Sie können die Wahrheit nicht vertragen, weil dann ihre ganze kleine verlogene Welt in sich zusammenbricht."

„Ja, aber dieser Koppelew hat mich so wütend gemacht."

Reinhold lächelte. „Auch die Koppelews dieser Welt werden früher oder später einsehen müssen, dass sie auf der falschen Seite stehen und dafür die Konsequenzen tragen müssen."

„In letzter Zeit habe ich ständig Ärger", sagte ich, obwohl ich mit Reinhold über solche Dinge gar nicht sprechen wollte, aus Angst, er könnte mich für einen Schwächling halten.

Er schmunzelte. „Und setzet ihr nicht das Leben ein, nie wird euch das Leben gewonnen sein.' Hat Schiller gesagt. Ein schöner Satz. Das heißt, man muss auch etwas riskieren im Leben, sonst ist man am Ende der Verlierer."

„Aber was soll ich denn aus meinen Problemen gewinnen?", fragte ich.

Reinhold zuckte mit den Schultern. „Vielleicht sollst du erkennen, wer deine Feinde und wer deine Freunde sind.

In der heutigen Zeit ist das besonders wichtig. Heutzutage ist doch alles schwammig und dehnbar geworden. Die Grenzen zwischen den Geschlechtern haben sich aufgehoben; Männer verhalten sich wie Frauen und umgekehrt. Das Schwache und Kranke wird zur Norm. Menschliche Abweichungen werden legalisiert, die Kuscheljustiz schickt die Falschen in die Gefängnisse, während die wahren Verbrecher ungestraft weitermachen dürfen und den deutschen Volkskörper schädigen." Reinholds Stimme war lauter geworden. „Früher war das anders, da wusste der Einzelne, wo er hingehörte. Und jetzt? Sieh dich um. Die schütten alles mit ihrer Multikultischeiße zu, seifen uns ein und wir sollen den Dreck auch noch schlucken. Deutschland ist auf Generationen hinweg verseucht. Was wird euch Jungen da für ein Erbe hinterlassen?" Seine Stimme wurde wieder ruhiger. „Es ist nicht einfach, seinen Platz in dieser degenerierten Welt zu finden und zu behaupten."

Nach diesem Ausbruch lehnte er sich zurück. „Aber du bist ein guter Junge, um dich mache ich mir keine Sorgen. – Bei den Zwillingen sieht das schon anders aus", vertraute er mir an. „Sie sind etwas richtungslos. Ich befürchte, es geht ihnen mehr um den Spaß als um unsere Idee. Ihnen fehlt die Ernsthaftigkeit für unsere Sache."

Ich widersprach, erzählte Reinhold, wie engagiert die Zwillinge waren, dass sie sich in der Gefangenenhilfe starkmachten und wie sie in Berlin die Gegendemonstranten aufgemischt hatten.

„Das meine ich", sagte Reinhold heftig. „Das sind Lappalien. Dabei muss es doch um wesentlich mehr gehen als ein bisschen Randale, oder?"

Ich stimmte Reinhold zu.

Wenig später hörten wir es im Flur rumoren, die Zwillinge und Freya waren nach Hause gekommen. Während Freya in ihrem Zimmer verschwand, ging ich mit den Zwillingen nach unten in ihren Boxraum und sah ihnen zu, wie sie sich prügelten. Sie hatten es aufgegeben, mich zum Mitmachen zu überreden, denn ich hatte ihnen klar gemacht, dass ich keinerlei Lust verspürte, mir den Kopf weich klopfen zu lassen.

Schwer atmend droschen sie aufeinander ein. Im Boxkeller roch es säuerlich nach abgestandenem Schweiß und altem Leder.

Die Tage im Gutshaus zogen dahin. Nach der Schule traf ich mich mit den Zwillingen zum Munitionsuchen oder mit Freya zum Spazierengehen, wobei ich jedes Mal krampfhaft überlegte, wie ich mit ihr Schluss machen könnte. Ich war mir sicher, dass Uta von uns wusste, was die Sache nicht leichter machte. Sie lachte manchmal wissend, wenn sie uns zusammen sah.

War ich nicht mit Freya oder den Zwillingen zusammen, half ich Reinhold bei Arbeiten, die im Haus anfielen. Einmal bat er mich, ein Flugblatt gegen das geplante polnische Atomkraftwerk nahe der deutschen Grenze zu entwerfen.

Stoppt den polnischen Atomtod!, schrieb ich als Überschrift.

Das Atomkraftwerk ist zu nahe an unserer Grenze geplant. Falls es dort einen Unfall gibt, können wir uns nicht schützen. Und unsere Herren Politiker tun nichts dagegen. Sie

gehen einem Streit mit den Polen aus dem Weg, aus Angst, wieder als deutsche Kriegstreiber und Nazis dargestellt zu werden. Lieber gibt man klein bei und verheizt seine eigenen Landsleute.
Wehrt euch gegen das polnische Atomkraftwerk! Schreibt an die deutsche Regierung in Berlin! Formuliert euren Protest!

Als ich Reinhold den Text zeigte und er ihn zweimal aufmerksam durchgelesen hatte, nahm er einen Kugelschreiber und sagte: „Das ist gut, aber etwas fehlt noch." In die Mitte meines ausgedruckten Textes schrieb Reinhold:

Atomkraft ist und bleibt tödlich. Falls die Polen ihr Vorhaben tatsächlich umsetzen, werden in unserer Region die Krebserkrankungen steigen. Ist das von der Politik gewollt?

Lächelnd las er ihn noch einmal durch, dann gab er mir das Blatt mit den Worten: „Ich wusste, dass du gut schreiben kannst."

Ich fühlte mich geschmeichelt.

„Jemand, der so viel liest wie du, der ist auch ein guter Autor. Lesen ist eine perfekte Schule für den Umgang mit der deutschen Sprache."

Reinhold sah es gern, wenn ich seine Bücher las. Ich versuchte es, doch die meisten waren altertümlich. Nicht nur im Stil, auch im Denken. Das war alles nicht zeitgemäß und hatte nicht das Geringste mit meinem Leben zu tun. *Jörn Uhl* hatte ich noch gern gelesen, aber langsam wurde es langweilig. Reinhold versuchte mich für Goethe, Schiller, Novalis zu begeistern, doch die waren noch weiter von meinem Leben weg.

Das Flugblatt verteilte ich in der Schule. Ich gab Brüggemann eins, der mit wachsender Begeisterung las und gleich eine Handvoll im Laden seiner Frau auslegen wollte. Ein paar ließ ich im Bus liegen, andere im Café neben der Schule, in das wir in den Pausen gingen.

Nach etwa zwei Wochen im Gutshaus zog ich wieder zu Tante Jeske. Uta und Reinhold waren der Meinung, dass es so besser sei. Sie wollten es sich mit Tante Jeske nicht verscherzen. Einerseits wäre ich gern noch geblieben, andererseits entkam ich auf diese Weise Freya, die mittlerweile wie eine Klette an mir klebte und ständig hinter mir her schnüffelte. Ich brachte es einfach nicht über mich, mit ihr Schluss zu machen.

Außerdem war das Verhältnis zu Gunter noch immer gestört. Er machte zwar keine blöden Bemerkungen mehr und ließ mich in Ruhe, aber ich hatte das Gefühl, dass ich für ihn ein Verräter war und blieb.

Seit meiner Rückkehr gingen Tante Jeske und ich sehr vorsichtig miteinander um, fast so, als würden wir einen Korb roher Eier balancieren und jedes falsche Wort könnte uns zum Stolpern bringen. Mir war das recht, ich hatte keine Lust auf Diskussionen oder Erklärungen. Auch mein Streit mit Koppelew wurde nicht mehr erwähnt. Ich hatte den Eindruck, dass Tante Jeske bestimmte Themen umschiffte, weil sie befürchtete, bei mir auf ein Riff zu laufen und unterzugehen.

Eines Abends klingelte es und Reinhold stand vor der Tür. In der Hand hielt er einen Zettel, den er Onkel Rolf in die Hand drückte. „Übermorgen im Platzhaus, neunzehn Uhr. Wir haben was Ernstes zu besprechen, deswegen würde ich alle Männer bitten zu kommen. Auch dich, Benjamin", sagte er, mir zunickend.

Als Tante Jeske hinter Onkel Rolf auftauchte, sich die Hände an einem Geschirrtuch abtrocknend, lächelte Reinhold ihr zu. „Warum nur die Männer?", fragte sie.

„Das ist nichts für die holde Weiblichkeit", sagte Reinhold. „Und drinnen waltet die züchtige Hausfrau, die Mutter der Kinder, und herrschet weise im häuslichen Kreise." Er deutete eine leichte Verbeugung an. „Im Ernst, es geht um ein Problem, das die Männer unter sich lösen müssen. Betroffen ist aber das ganze Dorf." Mit dieser etwas geheimnisvollen Nachricht verschwand er im Dunkeln.

„Ihr wollt doch da nur Bier trinken", sagte Tante Jeske anschließend, während Onkel Rolf abwinkte.

Das Platzhaus war gut besucht, tatsächlich waren fast alle Männer gekommen, sogar Georg war dabei. Reinhold saß vorn, die Stühle waren im Halbkreis um ihn angeordnet. Ich setzte mich neben die Zwillinge, die mich zu sich winkten. Ich fragte sie, warum Reinhold uns zusammengerufen habe, aber sie sagten nur, ich solle warten. Um mich herum spekulierten die Männer, was dahinterstecken könnte.

„Also", begann Reinhold, nachdem alle einen Platz gefunden hatten. „Ihr habt sicherlich mitbekommen, dass es in letzter Zeit Diebstähle und Einbrüche in unserer Gegend gegeben hat." Er machte eine Pause, fragendes Gemurmel entstand. „Ich will gar nicht darüber spekulieren, was für Banden das sind, aber wir müssen was unternehmen." Zustimmendes Gemurmel erklang. „In Löwendorf haben die Ganoven sogar einen Mann halb totgeschlagen und ihm das Auto geklaut, das man dann zwei Kilometer weiter, gegen einen Baum gefahren, gefunden hat." Das Gemurmel schwoll an. „Und die Polizei ist machtlos. Die kommen gar nicht hinterher, bei dieser Verbrecherflut, die aus dem Ausland rüberschwappt." Das Gemurmel steigerte sich erneut.

„Das sind Polen!", rief Henniges. „Die kommen rüber, schlagen zu und sind – schwupps – über die Grenze in Sicherheit."

„Die Grenzer halten auch die Hand auf, deswegen unternehmen die nichts", sagte Onkel Rolf.

„Die Polizei kannst'e doch vergessen!", rief Henniges. „Bis die sich mal bequemen, hier aufzutauchen, sind die Gauner über alle Berge."

Reinhold lehnte sich zurück. Die Männer redeten durcheinander.

„Was schlägst du vor, Reinhold?", fragte Behrends nach einer Weile.

Reinhold ließ seinen Blick über die Runde wandern. „Bürgerwehr!", sagte er nach einer Weile. „Wir organisieren das selber. Wir stellen Patrouillen auf, die abends auf Streife gehen. Rund ums Dorf."

„Und wenn wir einen erwischen, wird er geteert und gefedert!", rief Henniges dazwischen.

„Wir sind doch zivilisierte Menschen", sagte Reinhold. „Wir übergeben ihn dann natürlich der Polizei. Aber erst müssen wir einen auf frischer Tat ertappen."

„Seit die Grenzen offen sind, macht sich das ganze Gesindel hier breit", sagte Hansen.

„Warum gibt es denn immer mehr Autodiebstähle?"

„Früher war das besser", knurrte Onkel Rolf.

„Die EU und auch die Bundesregierung interessiert das nicht", sagte Reinhold. „Die sind moralisch und finanziell bankrott. Da regieren längst andere Interessen."

Plötzlich erhob sich Georg, der die ganze Zeit geschwiegen hatte, und räusperte sich. „Ich finde es ziemlich gefährlich, wie ihr hier so daherredet. Ihr habt doch überhaupt keinen Beweis, was für Leute dahinterstecken und woher die kommen. Außerdem ist das Sache der Polizei. Ihr könnt nicht einfach das Recht selber in die Hand nehmen. Wo kommen wir denn da hin?"

Ein paar der Männer murrten.

„Im Prinzip gebe ich dir recht", sagte Reinhold. „Aber da, wo sich der Staat zurückzieht, da muss der Deutsche für sich selber sorgen, da wird Widerstand zur Pflicht."

Georg erhob seine Stimme, er war wütend, sein Gesicht war rot angelaufen: „Lasst euch doch von dem da nicht für dumm verkaufen." Er zeigte auf Reinhold. „Und was diese Geschichte mit dem Autoklau in Löwendorf angeht: Das stand zwar in der Zeitung, aber zwei Tage später haben sie geschrieben, dass der Mann besoffen war und gegen den Baum geknallt ist. Aus Angst um seinen Führerschein hat er den Überfall erfunden."

Reinhold erhob sich jetzt ebenfalls. „Allein, dass die Leute die Geschichte geglaubt haben, heißt doch, dass wir es mit einer realen Bedrohung zu tun haben. Der Staat hat abgewirtschaftet und wir müssen die Folgen tragen."

Die Männer murmelten zustimmend.

„Euch ist doch nicht mehr zu helfen", sagte Georg und schüttelte den Kopf. Er zwängte sich durch die Stuhlreihen und verließ grußlos das Platzhaus.

Ich verstand Georg nicht. Die Diebstähle gab es wirklich, und dass die Polizei Ewigkeiten brauchte, um hierherzukommen, wenn sie überhaupt mal kam, war kein Geheimnis. Warum sperrte er sich so dagegen? Und was war schon dabei, wenn ein paar Männer nach dem Rechten sahen?

Am Ende stimmten wir dafür, eine Bürgerwehr zu gründen. Ein paar enthielten sich, doch auch sie erklärten sich schließlich bereit mitzumachen. Onkel Rolf und Henniges bekamen den Auftrag, einen Dienstplan auszuarbeiten.

Als wir wieder zu Hause waren und Onkel Rolf Tante Jeske erzählte, was wir beschlossen hatten, verschränkte sie die Arme und sagte: „Ich weiß nicht, ob das so eine gute Idee ist. Überlasst das lieber der Polizei."

Onkel Rolf lachte auf. „Welcher Polizei?"

Als ich nach der Schule nach Hause kam, hatte Onkel Rolf sein altes Luftgewehr auf dem Küchentisch auseinandergenommen und ölte die einzelnen Teile ein.

Tante Jeske war entsetzt. „Nicht nur, dass du mir die Küche ruinierst, mit einem Gewehr rumlaufen zu wollen, das ist der Gipfel!"

Onkel Rolf ölte seelenruhig weiter.

„Was ist, wenn jemand verletzt wird?", fragte sie. „Ihr kommt in Teufels Küche."

„Niemand wird verletzt", sagte Onkel Rolf. „Das Gewehr wird ja nicht mal geladen. Das soll das Gesindel nur einschüchtern."

Tante Jeske schüttelte den Kopf. „Ihr könnt doch nicht einfach Räuber und Gendarm spielen."

„Das macht doch Spaß", sagte ich.

Tante Jeske sah auf, bislang hatte sie nicht bemerkt, dass ich in der Küchentür stand. „Spaß!", wiederholte sie verächtlich.

„Die Polizei kümmert sich doch um nichts. Und selbst wenn, dann muss sie die Diebe wieder laufen lassen, weil sie Ausländer sind."

„Eben!", bekräftigte Onkel Rolf, während er das Gewehr zusammenbaute.

„Reinhold hat gesagt, dass wir nur ein bisschen nach dem Rechten sehen, um die Schädlinge abzuschrecken", sagte ich.

„Ich finde, das geht zu weit", sagte Tante Jeske und verließ die Küche.

Onkel Rolf und ich zwinkerten uns zu.

Am Abend sollte es die erste Patrouille der Bürgerwehr geben. Aufgeregt zählte ich die Minuten. Reinhold hatte vorgeschlagen, nach Einbruch der Dunkelheit über die Dörfer zu fahren. Ich hatte Onkel Rolf gebeten, auch eine Waffe zu bekommen, aber er hatte abgelehnt. So steckte ich wenigstens mein Taschenmesser ein. Lange vor der verabredeten Uhrzeit stand ich angezogen im Flur.

Ronald ging mehrmals an mir vorbei und machte sich über mich lustig. „Ihr seid doch echt bescheuert", lachte er. „Ihr macht euch zum Horst mit eurer Bürgerwehrspielerei."

„Halt den Mund", sagte ich und achtete nicht weiter auf ihn.

Onkel Rolf schlug mir auf die Schulter. „Fertig?", fragte er. Ich hob den Daumen und grinste.

„Aber kommt nicht so spät zurück!", rief Tante Jeske hinter uns her.

„Morgen ist doch Sonnabend!", rief ich zurück und stieg ins Auto.

Hinter dem Ortsschild hatten sich die anderen bereits versammelt, als wir eintrafen. Reinhold hatte noch eine Überraschung für uns. Aus einer großen Tasche holte er ein paar Sachen hervor, die er auf der Motorhaube seines Wagens ausbreitete. Ich ging näher heran. Da lagen Kabelbinder, Taschenlampen und Walkie-Talkies.

„Die Kabelbinder", Reinhold hielt einen in die Höhe, „dienen zum Zusammenbinden der Hände eines potenziellen Gefangenen. Und mit den Funkgeräten", er hielt eines hoch, „bleiben wir in Verbindung. Also, hat jemand noch Fragen?" Als sich niemand meldete, fuhr er fort: „Ich habe hier eine Karte." Reinhold breitete eine Karte auf der Motorhaube aus. „Wir werden diese Route nehmen." Er fuhr langsam mit dem Zeigefinger die Straße entlang. „Hier trennen wir uns. Du", er zeigte auf Gerber, „nimmst diesen Weg und wir treffen uns dann hier." Er pochte mit dem Knöchel auf eine Stelle. „Und du", er zeigte auf Henniges, „wirst dich an der Kreuzung nach Gardense postieren. Das ist das Einfallstor aus dem Osten. In der Regel kommen die Schädlinge von da rüber. Noch Fragen?"

Es gab keine und so stiegen wir in die Autos. Reinhold und Konrad fuhren zusammen, Hartmut und Gunter, ich mit Onkel Rolf und Gerber, während Henniges mit Behrends und Hansen auf Patrouille ging.

Reinhold fuhr noch mal an unseren Wagen heran, ließ das Fenster runter und sagte: „Rolf, ich fände es besser, wenn du dein Gewehr im Kofferraum lässt. Wir wollen doch nicht, dass jemand verletzt wird. Diese Schädlinge sind skrupellos und in der Regel bewaffnet, und wenn sie sehen, dass ihr Gegner eine Waffe trägt, gehen die bis zum Äußersten. Ich will nicht, dass jemand zu Schaden kommt."

Onkel Rolf nickte, aber ich konnte sehen, dass ihm das nicht schmeckte.

„Und ganz wichtig: Lasst eure Funkgeräte immer an", ermahnte uns Reinhold. „Und keine Alleingänge. Wer was Verdächtiges entdeckt, gibt den anderen sofort Bescheid."

Wir murmelten zustimmend. Ich sah mir die Gesichter der Männer an. Sie strahlten Entschlossenheit, aber auch Besorgnis aus. Und dann war da noch eine gespannte Freude, ein Funkeln in den Augen, als ob sie gleich etwas Aufregendes und Verbotenes tun würden.

Wir kurvten die halbe Nacht sinnlos herum, ohne dass etwas passierte. Keine Diebe, keine Randalierer, keine Besoffenen, nicht mal ein ausgebüxter Hund oder so etwas. Irgendwann nach Mitternacht schlief ich ein und wachte erst gegen fünf Uhr auf, als Onkel Rolf mich weckte.

Am darauffolgenden Mittag standen Konrad und Gunter vor der Tür. Sie sahen – im Gegensatz zu mir – ausgeschlafen aus.

„Wir haben ein paar Leute zusammengetrommelt", sagte Gunter und lächelte verschwörerisch.

„Wir wollen auf dem Militärgelände campieren", sagte Konrad.

Ich sah überrascht von einem zum anderen. „Bei dem Wetter? Seid ihr verrückt geworden? Es hat schon gefroren und ..."

Gunter lächelte. „Wir werden schon nicht erfrieren. Wir sind Deutsche und keine verweichlichten Kanaken, oder?"

„Stalingrad!", sagte Konrad nur. Ich sah ihn fragend an. „Arktische Temperaturen, Erfrierungen, Partisanenüberfälle, Tod, Verwesung, Schlamm, deutsche Härte."

Gunter lachte bei den Worten seines Bruders.

„Und?", fragte ich. „Was hat das damit zu tun?"

„Wir müssen auf den Kampf vorbereitet sein", sagte Gunter. „Der wird nicht in der warmen Stube entschieden, sondern auf der Straße."

Ihre entschlossenen Gesichter drückten aus, dass sie es ernst meinten.

„Wir erwarten dich", sagte Konrad und es klang fast wie eine Drohung.

Sie hatten sich bereits zum Gehen umgewandt, da sagte Gunter: „Sag deiner Tante, dass du bei uns schläfst an diesem Wochenende. Sie muss nicht wissen, was wir vorhaben."

Ich sah ihnen ratlos nach. Sie wirkten ruhelos, immer auf der Suche nach dem ultimativen Kick.

Ich suchte meine Ausrüstung zusammen und erzählte Tante Jeske, dass ich das Wochenende im Gutshaus verbringen würde. Sie hatte keine Einwände. Warum auch? Reinhold und Uta waren ja anständige Leute, die das Dorfleben neu organisiert hatten. Bei solchen Menschen war der kleine Benny gut aufgehoben. Onkel Rolf half mir, meine Taschen zum Gutshaus zu schleppen. „Was ist denn da alles drin?", stöhnte er.

„Bücher, Schlafanzug, CDs, dies und das." Ich konnte ihm ja schlecht erzählen, dass ich Zelt, Isomatte und Schlafsack in dem riesigen Seesack versteckt hatte.

„Na dann, viel Spaß", wünschte er mir, als wir uns vor dem Gutshaus verabschiedeten.

In diesem Moment trat Uta vor die Tür. „Hallo, Rolf!", rief sie und winkte. Er winkte zurück. Uta zog ihre Strickjacke enger. Sie hatte sich die Haare zu einem Kranz geflochten, der sich wie eine Krone um ihren Kopf schmiegte. „Wie geht es zu Hause?", wollte sie wissen.

„Gut, gut", sagte er.

„Ich hoffe, ich sehe deine beiden Frauen demnächst zum Heimatabend", sagte Uta.

„Sie freuen sich schon drauf", gab Onkel Rolf zurück.

Ich verabschiedete mich von Onkel Rolf und folgte Uta in die Küche. „Weiß dein Onkel, was ihr vorhabt?"

„Ich habe nichts gesagt."

„Die Zwillinge immer mit ihrer Geheimnistuerei", sagte sie und schüttelte den Kopf.

In der Küche traf ich Freya, die mich vorwurfsvoll ansah. Ich hatte augenblicklich ein schlechtes Gewissen, weil ich mich ein paar Tage nicht bei ihr gemeldet hatte. Ich hatte immer wieder Schulstress vorgeschoben, aber Tatsache war, dass ich keine Lust gehabt hatte, sie zu sehen. Ich hatte weder Lust auf Freyas klebrig verliebte Blicke, die sie mir immer wieder zuwarf, noch auf Oswald Morgenthau oder auf germanische Mythen. Ein paar Tage zuvor hatte sie mir von einer germanischen Hochzeit vorgeschwärmt, auf der sie mit ihren Eltern eingeladen gewesen war. Gäste und Brautleute in Trachtenkleidung, dazu deutsche Lieder und Volkstanz. Ich konnte Freyas

Gefasel von Tradition und Deutschtum, Sippe, Ehre und Heldentod langsam nicht mehr hören. Für sie war die Frau die Hüterin der Familie, der Mann der Bewahrer der deutschen Fahne. Freya verachtete das Neue, das Moderne. Am liebsten hätte sie im Dritten Reich gelebt. Was mich aber am meisten erschreckt hatte, war das Alter der Brautleute. Beide waren erst achtzehn gewesen.

„Hier hast du einen Tee, Benjamin", sagte Uta und setzte mir ungefragt eine dampfende Tasse mit einem streng riechenden Gebräu vor die Nase. Während Uta beschäftigt war, fixierte mich Freya wortlos und gab mir mit den Augen zu verstehen, dass sie mich draußen sprechen wolle. Ich tat, als ob ich sie nicht verstünde, zupfte an der Tischdecke herum und hoffte, dass die Zwillinge bald auftauchten.

„Die holen ihre Freunde ab", hatte Uta gesagt.

Ich sah sehnsüchtig zur Tür, lauschte auf Geräusche im Haus, ob nicht wenigstens Reinhold auftauchen würde. Sogar Hartmut hätte mir gereicht. Aber niemand erlöste mich. Stattdessen fing ich unter Freyas Blicken an zu schwitzen.

„Was ist denn los?", fragte Uta. „Du bist doch nicht etwa krank?"

„Nein, nein", wehrte ich ab. „Das kommt vom Tee, der ist zu heiß."

„Willst du etwas kaltes Wasser?", fragte sie.

Ich schüttelte den Kopf.

„Vielleicht solltest du lieber nicht draußen schlafen", schlug Freya vor.

„Es ist alles in Ordnung, wirklich", versicherte ich den beiden, die mich jetzt prüfend ansahen.

„Du könntest doch bei uns im Haus schlafen", sagte Freya.

„Warm fühlt er sich nicht an", sagte Uta, die mir ihre Hand auf die Stirn gelegt hatte.

„Es ist wirklich nur der Tee", log ich. In diesem Moment hörten wir Gepolter und Stimmen im Flur.

„Da sind sie ja", sagte Uta.

Ich sprang auf und stürmte aus der Küche, wobei ich Freyas bohrende Blicke in meinen Rücken spürte.

Leider war Thure dabei. Der Kerl machte mir immer ein wenig Angst. Aber wenigstens kam Wotan nicht mit, wie ich anfangs befürchtet hatte. Die anderen drei Neuankömmlinge, darunter ein Mädchen, kannte ich nicht. Ich stellte mich neben Reinhold, der mir strahlend die Hand auf die Schulter legte. „Benjamin ist ein vielversprechender Kamerad. Aus dem wird mal was." Ich wurde rot, weil alle mich anstarrten.

Freya und Uta waren in der Küchentür aufgetaucht, wobei Freya mich mit einem zerknirschten Blick bedachte.

Auf dem Weg zum Militärgelände schlug Gunter vor, dass wir in Marschformation gehen sollten, und so liefen wir in Zweierreihen. Gunter gesellte sich zu mir. Vor uns ging Konrad.

„Hast du Stress mit Freya?", fragte Gunter unvermittelt.

„Nee", sagte ich.

Gunter lachte. „Du wirkst angespannt."

Ich ging nicht darauf ein und wies stattdessen mit dem Kinn auf das Mädchen, das uns begleitete. Sie hieß Edda. „Warum ist sie dabei und Freya nicht?"

„Kannst du dir Freya vorstellen, wie sie mit uns campiert?" Ich musste lächeln. „Na also", sagte er. „Freya passt eher auf eine Burg oder in eine …"

„… germanische Siedlung", sagte ich schnell. Wir lachten. Es war befreiend, mit Gunter auf diese Weise über Freya zu reden, und gleich fühlte ich mich etwas besser.

„Freya ist ein nettes Mädel, aber sie hört zu viel auf Uta", sagte er. Ich sah ihn prüfend an. „Uta ist großartig", sagte er schnell. „Aber doch eher alte Schule und das gibt sie an Freya weiter. Reinhold ist da anders", schwärmte er. „Der hat eher Verständnis für uns."

Ich war kurz davor, Gunter zu verraten, wie Reinhold über die Zwillinge dachte, hielt mich aber zurück.

„Reinhold weiß, dass das Dritte Reich nicht mehr existiert", fuhr Gunter fort. „Klar, er steht auch auf den alten Kram wie Waffen-SS und so was, aber er weiß eben auch, dass man die Leute heutzutage nicht mehr nur mit Brauchtum und völkischen Ideen kriegt. Man kann nicht immer das Gestern verherrlichen. Das hat Uta noch nicht verstanden."

„Auf Reinhold lass ich nichts kommen", sagte Konrad, der sich zu uns umdrehte.

Gunter schlug ihm auf die Schulter. „Keine Bange", sagte er lachend. „Niemand sagt was gegen deinen Reinhold."

„Reinhold hat uns so oft aus der Scheiße geholfen", sagte Konrad.

Ich sah Gunter verständnislos an.

„Wir haben da, wo wir früher gewohnt haben, öfter mal Ärger gehabt." Er senkte seine Stimme. „Du weißt ja, wie schnell Konrad ausflippt, wenn ihm was nicht

passt. Und Reinhold hat es dann immer wieder einge-
renkt."

„Und euer Vater?", wollte ich wissen.

Gunter sah zu Boden und brauchte eine Weile, bis er
antwortete: „Der war nach dem Tod unserer Mutter mit
sich selber beschäftigt."

Ich nickte schweigend. Warum erzählte er mir nicht,
dass ihre Mutter noch lebte? Sollten sie doch froh sein,
eine zu haben, auch wenn sie sich nicht für die nationale
Sache erwärmen konnte.

Als wir das Gelände erreicht hatten, teilte Gunter uns
in Gruppen ein. Eine sollte die Zelte aufbauen, die andere Holz für ein Feuer zusammensuchen. Ich ging zum
Holzsammeln mit den beiden Jungs, die ich nicht kannte. Sie hatten ihre Kapuzen tief ins Gesicht gezogen, verzogen keine Miene und machten einen auf geheimnis-
voll. Auf meine Frage nach ihren Namen nannten sie sich
X und Y. Nach einer Weile gab ich es auf, mit ihnen ein
Gespräch anfangen zu wollen. X und Y weigerten sich,
im Unterholz rumzukriechen. Also übernahm ich die
ganze Arbeit, drängte sie aber dazu, wenigstens das
gesammelte Holz zu schleppen, worauf Y maulte: „Wir
sind hier, um für den bewaffneten Kampf zu trainieren,
und nicht, um Weiberarbeit zu verrichten."

„Dann friert euch doch den Arsch ab, ihr Idioten", sagte ich wütend und ließ sie stehen.

Als ich mich bei Gunter über die beiden beschwerte, sagte er nur: „Ja, ich weiß, die beiden sind etwas schwierig."

Später ließ Gunter uns antreten, während Konrad Got-
cha-Pistolen verteilte. Sie verschossen Farbkugeln, die
beim Aufprall zerplatzten.

„Wir kämpfen in zwei Gruppen gegeneinander. Das ist kein Räuber-und-Gendarm-Spiel. Ich will, dass ihr das absolut ernst nehmt", mahnte er. „Wir müssen auf den Endkampf vorbereitet sein. Dieser Staat wird es nicht mehr lange machen und wir haben das Recht und die Pflicht zur Notwehr."

Ich war etwas überrascht. Ich hatte gedacht, wir würden einfach nur zelten, und jetzt entpuppte sich das Ganze als eine Art Wehrsportübung. Aber ich konnte jetzt schlecht einen Rückzieher machen.

„Ihr seid politische Soldaten!", rief Gunter. „Sieg oder Walhalla!"

„Sieg oder Walhalla!", wiederholten wir.

Ich landete in der Einheit von Gunter. „Du bist mein Adjutant", sagte er zu mir. Ich salutierte. Unsere Gruppe, zu der auch X und Y gehörten, die mittlerweile Wehrmachtsuniformen trugen, zog sich in einen alten Hangar zurück. Konrad, Thure und Edda waren in den Wald ausgeschwärmt. „Wir werden einfach hier warten, bis sie ihre Nasen rausstrecken", schlug X vor. Gunter ignorierte ihn.

„Wir müssen doch bei dieser Scheißkälte nicht im Wald rumkriechen", beschwerte sich Y. Gunter sah ihn erstaunt an und ging langsam auf ihn zu, bis ihre Nasenspitzen sich fast berührten. „Du tust, was ich anordne", sagte er gefährlich leise. Y sah zu Boden und nickte.

„Wir könnten einen Späher losschicken", sagte X. „Wenn wir alle in den Wald gehen, sind wir leichter auszumachen, aber ein Einzelner kann sich besser verstecken."

Gunter drehte sich zu mir um. „Das übernimmst du. Du kennst dich hier am besten aus."

Ich schlich durch den Wald, wobei ich die Bäume als Deckung benutzte. Es dauerte eine Weile, bis ich sie entdeckt hatte. Konrads Gruppe lagerte auf der kleinen Lichtung, wo der Glockenbach eine scharfe Kurve nimmt. Eng stehende Bäume umgeben die Lichtung wie eine Mauer.

Leise zog ich mich zurück und meldete den anderen meine Beobachtung. „Da sind sie relativ geschützt, aber wir könnten sie einkreisen", schlug ich vor.

Gunter nickte nachdenklich. „Das ist zu gefährlich", sagte er dann. „Wir werden sie aus ihrer Deckung locken."

Wir gingen im Abstand von einigen Metern durch den Wald, damit wir, falls wir angegriffen werden sollten, kein gemeinsames Ziel boten. Im sicheren Abstand von der Lichtung hockend, zeigte Gunter auf Y und flüsterte: „Du spazierst vor ihnen rum und tust so, als wärst du ein Späher. Wenn sie versuchen dich zu kriegen, feuern wir anderen auf sie."

Y machte ein erschrockenes Gesicht, wagte aber nicht zu widersprechen. Vorsichtig tapste er über den morastigen Boden, wobei seine Stiefel saugende Geräusche machten. Er blieb nicht lange unentdeckt. Sofort feuerte Konrads Gruppe aus allen Rohren auf Y, auf dessen Körper unzählige rote Farbkugeln zerplatzten.

Sie trafen ihn überall: am Kopf, an der Brust, auf den Beinen, den Armen. Y sah aus, als würde er am ganzen Körper bluten. Wir hörten das Tschick-tschick-tschick der schießenden Pistolen, vermischt mit seinen Schmerzensschreien. Gunter grinste mich an. Als Y mit den Armen ruderte, um Aufgabe zu signalisieren, traf ihn eine Kugel zwischen die Beine. Er riss den Mund zu einem stummen Schrei auf, sank theatralisch in die Knie und presste den Kopf auf die Erde.

„Feuer einstellen!", hörten wir Konrad rufen. Dann kamen sie aus ihrem Versteck und näherten sich vorsichtig Y, der reglos auf dem feuchten Waldboden kniete. Als sie ihn fast erreicht hatten, gab Gunter den Befehl zum Feuern. Konrads Gruppe hatte keine Chance. Im Nu hatten wir sie besiegt. Triefend vor Farbe grinste uns Konrad an. „Sauber, Bruder", sagte er zu Gunter. „Aber die nächste Runde geht an uns."

Über mein Bein zog sich eine rote Schliere.

„Streifschuss. Sofort verbinden", meinte Edda lachend.

„Einen Verlust habt ihr aber auch zu beklagen", sagte Konrad und zeigte auf Y, der leise wimmerte.

„Ich bin mir nicht sicher, ob das ein Verlust ist", antwortete Gunter.

Wir hoben Y hoch und stellten ihn auf die Beine, wobei er die Augen geschlossen hielt. Zwei Mann schleppten ihn, wie einen toten Fisch, zurück zu unserem Lagerplatz, während aus seinen Haaren rote Farbe tropfte und eine dünne Spur auf dem Boden hinterließ.

Nach einer Pause ging es weiter. Faustgroße Steine dienten als Handgranatenersatz, die wir unter Gunters Anleitung durch die Gegend warfen, wobei ich mir ziemlich albern vorkam. In Wahrheit fand ich die ganze Aktion unsinnig. Ich hatte auch nicht vor, mit der Waffe in der Hand in den Endkampf zu ziehen. Wenn überhaupt, dann war eher das Wort meine Waffe.

Y lag währenddessen im Zelt und sah uns zu, wobei er eine schmerzverzerrte Grimasse machte, wenn man mal in seine Richtung sah.

Am Abend kochten wir eine Suppe auf dem offenen Feuer, anschließend packte Thure mehrere Kornflaschen aus. Ich mochte keinen Alkohol, aber da der Schnaps reihum ging und alle tranken, tat ich es auch, wobei ich nur nippte.

„Nimm doch nicht immer so einen Pipi-Schluck!", rief Konrad, riss mir die Flasche weg und trank mit großen Schlucken. Er war schon ziemlich hinüber, als er mit glasigen Augen verkündete: „Ich bin bereit für den Kampf. Kein Erbarmen mit den Scheißdemokraten. Wir werden jeden vernichten, der nicht auf unserer Seite steht." Er lehnte sich zu mir rüber. „Im Netz gibt es Namen und Adressen. Nach dem Machtwechsel werden wir sie uns holen."

„Oder schon vorher", sagte Edda betrunken, die neben Thure saß. Sie prosteten sich zu.

„Was ist eigentlich mit unseren arischen Helden?", fragte Gunter und zeigte auf das Zelt, in dem X und Y gleich nach dem Essen verschwunden waren. Beide hatten die Nasen gerümpft, als sie die Schnapsflaschen gesehen hatten.

Konrad stand wankend auf. „Mal sehen", lallte er und torkelte rüber. „Kommt mal raus, ihr Scheißer!", schrie er und rüttelte an ihrem Zelt.

Ratschend fuhr der Reißverschluss hoch und das Gesicht von X erschien. „Was ist denn?", fragte er und gähnte demonstrativ. Ich wette, die beiden hatten noch nicht geschlafen. Wir waren viel zu laut.

„Ihr seid beschissene Memmen", sagte Konrad.

„Nur weil wir keine Lust haben, mit euch durch den Morast zu kriechen?", fragte X. Mittlerweile war auch der Kopf von Y zu sehen.

„Strammstehen!", brüllte Konrad die beiden an.

„Was soll der Scheiß?", fragte Y, worauf Konrad ihm eine schallende Ohrfeige verpasste.

„Und Maul halten, alle beide!", schrie Konrad. Edda kicherte. „Und ihr wollt für unsere Sache kämpfen?", schimpfte Konrad weiter. „Für Deutschland? Ihr könnt ja nicht mal in Windrichtung pissen, ohne euch nass zu machen, ihr Schwuchteln!"

„Wir sind nicht schwul", protestierte X.

„Ist aber verdächtig, dass ihr gleich zusammen im Zelt verschwunden seid", sagte Konrad und lachte boshaft. Auch die anderen kicherten.

„Los!", brüllte Konrad. „Klamotten runter!"

Als sie nur zögerlich gehorchten, drohte Konrad ihnen mit weiteren Ohrfeigen und schließlich beeilten sich die beiden.

„Die Unterhosen könnt ihr anlassen, ihr Schlapp-schwänze", kommandierte Konrad. Als die beiden schlot-ternd und mit um den Oberkörper gepressten Armen dastanden, setzte sich Konrad wieder hin und nahm einen großen Schluck aus der Flasche.

Anfangs hatte ich noch ein bisschen Schadenfreude empfunden, weil X und Y getan hatten, als seien sie etwas Besseres, doch langsam wurde mir mulmig. „Mensch, Konrad, lass sie doch", sagte ich.

„Halt die Fresse!", fuhr er mich an. „Sonst stehst du gleich daneben."

Ich schwieg erschrocken. Manchmal war Konrad wie ausgewechselt. Als würde er im Nebenzimmer herum-wüten und die Tür wäre verschlossen. Man kam nicht zu ihm rein.

Konrad riss Thure die Schnapsflasche aus der Hand und nahm einen großen Schluck, den er in Feuer spuckte, worauf zischend eine riesige Flamme hochschoss. Ich lachte pflichtschuldig mit den anderen.

Nach einer halben Stunde standen X und Y noch immer halb nackt vor ihrem Zelt, zitternd und mit blau angelaufenen Lippen.

„Konrad", flehte X.

„Halt die Fresse, sonst peitsche ich dich aus", gab dieser zurück.

X schwieg. Ich befürchtete, dass Konrad sie die ganze Nacht da stehen lassen wollte. „Gunter", sagte ich leise und zeigte mit dem Kopf auf die beiden.

„Konrad, die krepieren gleich", sagte der schließlich zu seinem Bruder.

„Und wenn schon", gab dieser zurück. „Wer den Test nicht besteht, der ist es auch nicht wert, unserer Sache zu dienen. Wir probieren aus, wie lange der deutsche Soldat bei Minusgraden überlebt."

„Mir reicht's", schimpfte X und schnappte sich seine Jacke. Konrad sprang ihn an und versetzte ihm einen Kopfstoß, dass ihm das Blut wie ein Sturzbach aus der Nase schoss. Y stand mit aufgerissenen Augen daneben.

Konrad drehte sich zu uns um. „Wie soll man mit diesem Material den Krieg gewinnen?"

Gunter applaudierte und erhob sich. Edda und Thure lachten betrunken.

„Los, verpisst euch", sagte Gunter gefährlich leise zu X und Y, worauf sie überstürzt ihre Klamotten anzogen, ihre Sachen zusammenrafften und davonhasteten, ohne sich umzudrehen.

„Schade", sagte Konrad grinsend und trank einen großen Schluck. „Ich hatte mir noch ein paar schöne Sachen für die beiden ausgedacht."

Mittlerweile war ich wieder nüchtern, der wenige Alkohol hatte sich durch Konrads Strafaktion verflüchtigt. Am liebsten wäre ich nach Hause gegangen, aber ich wollte nicht zu Konrads Zielscheibe werden. Aus lauter Frust trank ich Korn, bis ich kaum noch stehen konnte. Thure schnarchte mittlerweile vor sich hin, den Kopf auf Eddas Oberschenkel. Konrad lallte vor sich hin, während Gunter mit einem Stock in der Glut herumstocherte.

Wenn ich nicht so betrunken gewesen wäre, hätte ich den Mund gehalten, aber der böse Kobold in meinem Kopf war schneller. Außerdem wollte ich den Zwillingen eins auswischen. „Weißt du, was Reinhold über euch gesagt hat?", fragte ich Gunter und bereute es im selben Augenblick. Er sah mich neugierig an.

„Er sagt", begann ich, „dass ihr die nationale Sache nicht ernst nehmt."

Gunters Grinsen gefror.

Ich hatte eigentlich etwas ganz anderes sagen, mir eine Lüge ausdenken wollen. Dass Reinhold gesagt hätte, er würde sie für gute Nationalisten halten, oder Ähnliches, aber dafür war es jetzt zu spät. „Er hat gesagt, ihr würdet immer nur Action wollen, ohne an die Konsequenzen zu denken."

„Das glaube ich nicht", sagte Gunter. „Das würde Reinhold nicht sagen."

„Ist aber wahr", widersprach ich.

Gunter sah mich scharf an. „Mir ist sowieso schon aufgefallen, wie du dich bei Reinhold einschleimst. Vielleicht hast du ihm ja eingeredet, wir würden die nationale Sache nicht ernst nehmen."

Mein Herz klopfte heftig. „Quatsch!", sagte ich und versuchte, das Zittern in meiner Stimme zu unterdrücken.

Gunter stocherte wieder im Feuer herum. „Wie auch immer, Reinhold wird schon noch sehen, wie ernst wir es meinen."

„Wie meinst du das?", fragte ich, bekam aber keine Antwort.

Nach einer Weile erhob sich Gunter, warf mir noch einen Blick zu und half seinem Bruder, auf die Beine zu kommen, bevor sie grußlos in ihrem Zelt verschwanden. Ich weckte Edda, die vor sich hinmurmelte, beinahe auf meine Schuhe kotzte und dann zu ihrem Zelt kroch, wo sie sich in ihren Schlafsack wickelte, die Beine halb raushängend. Über Thure warf ich einen Schlafsack und hoffte, dass er nicht erfror. Er war zwar ein Arschloch, aber an seinem Tod wollte ich nicht schuld sein.

Meine Gedanken fuhren betrunken Karussell in meinem Kopf, als ich in meinem Schlafsack lag. Du Idiot, sagte ich mir. Warum hatte ich das sagen müssen? Was ging mich der Zoff zwischen Reinhold und den Zwillingen an? Jetzt war ich bei Gunter wieder unten durch. Vielleicht sollte ich mich eine Weile von den Zwillingen fernhalten, überlegte ich, aber ich wusste, das würde schwierig werden. Sie würden mir wieder Fragen stellen, warum ich ihnen aus dem Weg ging und so weiter. Ich beschloss, die ganze Sache zu vergessen. Es war ja keiner gestorben.

Zu Hause hast du hundert Augen, draußen bist du blind

Er hatte so friedlich ausgesehen, als ob er schlafen würde, wäre da nicht das viele Blut gewesen: Es klebte auf dem Boden, an der Wand, auf den Möbeln, auf den Bildern, an den Händen seiner Mörder. Mir war schlecht geworden, und es hatte nicht viel gefehlt und ich hätte auf den Toten gekotzt.

Ich wusste nicht mehr, wie es mir überhaupt gelungen war, ihnen zu entkommen. Es musste Instinkt gewesen sein. Der Instinkt eines gejagten Tiers. Ich hörte noch immer ihre Schreie hinter mir. Ich solle stehen bleiben, sie würden mir nichts tun. Aber ich war mir sicher: Wäre ich stehen geblieben, wäre ich jetzt tot.

Eines Abends kam Reinhold vorbei. „Habt ihr schon gehört?", fragte er zur Begrüßung. „Im Nachbarort sind sie in ein Haus eingebrochen und haben es hinterher angezündet, um die Spuren zu verwischen."

Tante Jeske und Onkel Rolf sahen ihn fassungslos an. „Ich hole gleich meine Flinte!", rief Onkel Rolf und lief nach hinten.

„Wir gehen auf Patrouille. Den anderen hab ich auch schon Bescheid gesagt", sagte Reinhold beruhigend zu Tante Jeske.

„Ich habe gehört, das könnte auch Versicherungsbetrug sein", sagte Ronald, der plötzlich in der Küche stand.

„Könnte", sagte Reinhold. „Könnte aber auch ganz anders gewesen sein."

„Man fühlt sich ja in seinem eigenen Haus nicht mehr sicher!", rief Tante Jeske und zog ihre Strickjacke enger.

Wir fuhren wieder in der gleichen Besetzung auf Patrouille. Nachdem wir zwei Stunden herumgekurvt waren, ohne dass etwas passierte, schlief ich ein. Das Knacken des Funkgerätes weckte mich. Beim ersten Mal war es Reinhold, der sagte: „Alles ruhig, wie steht es bei euch?" Beim zweiten Mal war es Konrad, der aufgeregt rief: „Hier ist gerade eine Bande Polacken dabei, ein Haus anzuzünden!"

Ich fuhr hoch, mein Herz raste, Gerber hielt mit quietschenden Reifen an, sodass Onkel Rolf nach vorn geschleudert wurde, riss ihm das Funkgerät aus der Hand und schrie: „Wo seid ihr? Bitte wiederholen! Ende!"

Das Gerät blieb still. Gerber drückte hektisch auf die Sprechtaste und rief immer wieder: „Mayday! Mayday! Bitte melden!" In der Aufregung rutschte ihm das Gerät aus den Fingern und fiel unter seinen Sitz. Fluchend tastete er mit seinem Arm am Boden herum, ich hörte das patschende Geräusch seiner Hand auf der Gummimatte. Gerber brachte sich in immer waghalsigere Positionen, um das Funkgerät zu erreichen. Schließlich musste er aussteigen und es zwischen Kupplung und Bremse hervorklauben.

„Mayday! Mayday!", bellte er wieder, doch Konrad meldete sich nicht.

„Verdammt!", presste Onkel Rolf mit zusammengepressten Zähnen hervor. „Hoffentlich ist nichts passiert."

Da hörten wir Konrads Stimme: „Entwarnung, es waren doch keine Polacken, es waren Marsmenschen. Sie sind gerade wieder in ihr Ufo gestiegen." Ein irres Lachen war zu hören, das von Reinholds meckernder Stimme unterbrochen wurde, dann brach die Verbindung ab.

„Dieses Arschloch!", schimpfte Gerber. „Der hat uns auf den Arm genommen. Und was, wenn es mal wirklich ernst wird?"

„Wer einmal lügt, dem glaubt man nicht", sagte Onkel Rolf und fuhr weiter, wobei er mit den Fingern aufgeregt auf die Konsole trommelte.

Wir kurvten durch die ewig gleichen Straßen, auf denen um diese Zeit so gut wie nichts los war. Einmal fuhr ein Auto mit Hamburger Kennzeichen auffallend langsam durch den Nachbarort Granwitz, um am Ortsausgang davonzupreschen. Wir überlegten, ob wir das Auto verfolgen sollten, entschieden uns aber dagegen. Ein andermal fanden wir ein Herrenrad an einen Baum gelehnt, vom Besitzer keine Spur. Wir stiegen aus und sahen uns das Rad von allen Seiten an.

„Polizei rufen?", fragte Gerber und saugte schmatzend an seiner Zigarette.

Onkel Rolf wiegte nachdenklich den Kopf und schürzte die Lippen. „Der Reifen ist kaputt", sagte er und zeigte auf das Hinterrad. „Hat jemand einfach stehen lassen."

„Schweinerei", sagte Gerber und trat seine Zigarette aus.

Wir stiegen wieder ins Auto, wo wir eine Weile saßen und die Zeit totschlugen. Ich begann zu frieren. Da Gerber keine Standheizung hatte, wurde es immer kälter im Wagen. Die Scheiben beschlugen. Onkel Rolf wischte unentwegt mit der Hand über das Seitenfenster, um einen Blick nach draußen werfen zu können, doch war in der Dunkelheit sowieso nichts zu sehen.

Reinhold meldete sich und schlug eine Pause an Henniges Wagen an der Kreuzung nach Gardense vor. Wir wischten die beschlagenen Scheiben frei und fuhren los.

Am Treffpunkt gesellte ich mich zu den Zwillingen. Unter meinen Füßen knirschte Gras, das schon von leichtem Frost befallen war. „Hey!", begrüßte ich sie, doch sie sahen mich nur gelangweilt an. Ich erzählte ihnen, wie Konrads Witz bei Onkel Rolf und Gerber angekommen war, worauf sie hämisch lachten.

Da kam Reinhold und schlug mir auf die Schulter: „Na, Ben, wie gefällt dir die Patrouille?"

„Gut", log ich, dabei hatte ich es mir aufregender vorgestellt.

„Sag mal, Reinhold", begann Onkel Rolf. „Meinst du, das hat überhaupt noch einen Sinn?"

Reinhold sah von einem zum anderen. „Ihr seid doch alle Angler", sagte er, worauf die anderen nickten. „Die größte Tugend eines Jägers ist die Geduld, das brauche ich euch ja wohl nicht zu sagen. Man muss warten können und im richtigen Augenblick zuschlagen." Die anderen stimmten ihm zu.

Wir tranken alle noch einen Kaffee, bevor wir unsere Runde fortsetzten. Nachdem wir wieder eine Weile rumgekurvt waren, quäkte Henniges Stimme atemlos aus dem Funkgerät: „Polnschskennseisen."

Wir guckten uns ratlos an, da hörten wir Reinhold, der Henniges aufforderte, ganz ruhig zu sprechen und seine Meldung zu wiederholen.

„Wir verfolgen einen Wagen mit polnischem Kennzeichen. Drin sitzen zwei junge Kerle", gab Henniges durch.

„Wo seid ihr?", wollte Reinhold wissen.

Wir hörten gespannt zu, und als wir erfuhren, in welche Richtung Henniges unterwegs war, wendete Gerber mit quietschenden Reifen und jagte hinterher. An der

B 48 Höhe Willbenow sahen wir ihn. Reinhold und Hartmuts Autos klebten wie Fliegen an Henniges Auto, der einem blauen Opel mit einem kaputten Rücklicht folgte. Wir schlossen uns ihnen an. Plötzlich durchbrach Reinhold die Kette, schoss an Henniges vorbei, setzte sich vor den Opel und bremste ihn aus, mitten auf der Landstraße. Wir anderen hielten hinter dem Opel und stiegen aus. In dem Wagen mit dem polnischen Nummernschild saßen zwei junge Männer. Während sich Reinhold an die Fahrerseite stellte, postierten sich die Zwillinge an der Beifahrerseite. Reinhold ließ seinen Zeigefinger kreisen, um dem Fahrer zu bedeuten, er solle das Fenster öffnen.

Surrend fuhr es ein Stück weit runter und der Fahrer äugte ängstlich heraus. „Was wollen Sie?", fragte er mit leichtem Akzent.

„Wo wollt ihr denn hin?", fragte Reinhold statt einer Antwort.

„Nach Usedom", sagte der Fahrer.

„Und da fährt man nachts durch diese Gegend, ja? Das könnt ihr sonst wem erzählen. Also, ich frage euch noch mal: Was macht ihr hier um diese Zeit?"

„Wir sind Studenten aus Frankfurt-Oder und wollen nach Usedom."

„Studenten, soso", sagte Reinhold. „So seht ihr gar nicht aus. Und was wollt ihr auf Usedom?"

„Wir wollen Freunde besuchen", sagte der Fahrer.

„Freunde", sagte Reinhold betont freundlich. „Und nebenbei brecht ihr ein bisschen ein, stimmt's?"

„Wenn Sie uns nicht gehen lassen, rufen wir die Polizei", sagte jetzt der Beifahrer, der bislang geschwiegen hatte, und hielt sein Handy hoch.

„Huch, jetzt habe ich aber Angst", sagte Gunter.

„Du bluffst doch nur", sagte Reinhold. „Wenn hier jemand die Polizei holt, dann sind wir das." Er winkte die beiden mit der Hand aus dem Auto. „Steigt mal aus, macht mal den Kofferraum auf."

Die beiden blieben ratlos sitzen, bis Reinhold gegen die Tür trat. „Los, dalli!"

„Sollen wir nicht lieber die Polizei …", begann Henniges, doch Reinhold schnitt ihm mit einer Handbewegung das Wort ab. Ich sah zu Onkel Rolf und den anderen. Sie standen daneben und wirkten teilnahmslos, als sähen sie einem Theaterstück zu.

Der Fahrer öffnete widerwillig die Tür und stieg aus. „Warum treten Sie gegen mein Auto?", fragte er empört.

Reinhold lachte. „Das ist nicht dein Auto. Das ist ein deutsches Auto, ein Opel. Wo hast du den denn geklaut?"

Der Fahrer schnaubte, doch er schwieg und ging zum Kofferraum.

„Du steigst auch aus!", herrschte Konrad den Beifahrer an. Jetzt sah ich, dass er einen Totschläger in der Hand hielt. „Eine falsche Bewegung und ich schlag dir den Schädel ein", knurrte er, machte einen Schritt rückwärts und hob drohend den Totschläger, als die Tür aufschwang. Der Junge stieg langsam aus, wobei Konrad ihn nicht aus den Augen ließ. „Los, zum Kofferraum!", schrie Konrad und schubste ihn, sodass er ächzend vorwärtstaumelte.

„Konrad!", rief Hartmut scharf. Konrad gluckste nur.

Reinhold wühlte im Kofferraum herum, bis er durch die Zähne pfiff und einen Vorschlaghammer hochhielt. „Wozu braucht ihr den denn?", fragte er.

„Wir machen manchmal Renovierungen an den Wochenenden, um Geld zu verdienen", sagte der Fahrer.

„Renovierungen", wiederholte Reinhold. „Wahrscheinlich, ohne dass der Besitzer davon weiß."

„Wir sind keine Diebe, wir sind ehrliche Menschen!", schrie der Fahrer plötzlich.

„Ruhig Blut, Junge", sagte Reinhold und hob abwehrend die Hände. „Wenn ihr ehrliche Menschen seid, dann braucht ihr keine Angst zu haben. Wir tun euch nichts, wir stellen nur ein paar Fragen. Das wird ja wohl erlaubt sein unter ehrlichen Menschen. Oder habt ihr was zu verbergen?"

Der Junge schüttelte den Kopf.

„Na also", sagte Reinhold. „Zeigt uns mal eure Papiere."

Zähneknirschend wühlte er in seiner Jacke und hielt Reinhold ein verschlissenes Ledermäppchen hin.

Reinhold klappte es auf und las im Schein des Taschenlampenstrahls. „Das ist ja alles polnisch", sagte er nach einer Weile, und warf dem Fahrer das Mäppchen zu, der es im Dunkeln verfehlte. Mit einem leisen Klatschen landete es im Dreck.

„Wir sollten die Polizei rufen", sagte Onkel Rolf.

Reinhold drehte sich um und sah Onkel Rolf an. „Bis die hier sind, sind die Kumpane von denen aufgetaucht und haben uns massakriert."

Onkel Rolf sah sich gehetzt um.

„Ich mache euch einen Vorschlag", sagte Reinhold und zog Onkel Rolf und die anderen zur Seite, während die Zwillinge und Hartmut auf die Polen aufpassten. „Ihr fahrt zurück zu euren Familien und wir bringen die beiden zur Polizei. Sollen die sich damit rumärgern."

„Und wenn die beiden die Wahrheit sagen?", fragte Onkel Rolf.

Reinhold lachte höhnisch auf. „Das glaube ich kaum. Aber wenn, dann ist es besser, dass ihr nicht dabei seid. Wenn wir einen Fehler gemacht haben und die beiden tatsächlich Studenten sind, auf dem Weg nach Usedom, müssen ja nicht alle dafür büßen."

Onkel Rolf und die anderen atmeten auf.

„Ich schlage vor, dass Benjamin mitkommt, dann kann er euch alles berichten", sagte Reinhold. Onkel Rolf sah mich zweifelnd an. „Keine Angst, wir werden gut auf ihn aufpassen", lachte Reinhold.

„Ja", sagte ich zu Onkel Rolf. „Es wird schon nichts passieren."

Er zögerte, gab dann aber seine Zustimmung. Während die Zwillinge unsere protestierenden Gefangenen mit den Kabelbindern fesselten, schlug Onkel Rolf vor, mitzukommen und das Auto der Polen zur Polizei zu fahren.

„Wir lassen es hier, die Polizei kann es ja dann abholen", beruhigte ihn Reinhold.

Onkel Rolf öffnete den Mund, als ob er etwas sagen wollte, ließ es dann aber sein.

Die Polen mussten sich zusammen mit Konrad in Reinholds Auto auf den Rücksitz quetschen, während ich auf dem Beifahrersitz Platz nahm. Ein Stück weit fuhren wir noch gemeinsam mit den anderen, dann verabschiedeten wir uns hupend an der Kreuzung nach Werneuch, wo Gerber die Lichthupe dreimal aufblitzen ließ.

„Warum lassen Sie uns nicht gehen?", fragte einer der beiden Polen mit seinem Akzent. „Wir haben nichts gemacht." Konrad beobachtete ihn grimmig.

„Das klären wir noch", sagte Reinhold freundlich. „Wenn ihr unschuldig seid, habt ihr nichts zu befürchten." Noch während er das sagte, bog er von der Landstraße in einen Feldweg ab. Hartmut und Gunter folgten uns. Unsere Scheinwerfer stachen helle Löcher in die Dunkelheit.

„Ist das eine Abkürzung?", fragte ich Reinhold.

Er lachte und sagte: „Genau, du wirst jetzt ohne Umwege das richtige Leben kennenlernen."

Ich drehte mich zu Konrad um, der vor sich hin grinste. Neben ihm sah ich die weit aufgerissenen Augen unserer Gefangenen.

Auf einer kleinen Lichtung blieben wir stehen und stiegen aus. Die beiden Polen hatten Todesangst; die Unterlippe des Beifahrers zitterte unkontrolliert.

„Also", sagte Reinhold. „Dann wollen wir euch mal zurückführen in eure kalte Heimat, da wo ihr hingehört."

Ich hatte weiche Knie und konnte kaum glauben, was sich da vor mir abspielte. Das konnte nicht echt sein, sagte ich mir immer wieder. Aber die schneidende Kälte, die mir ins Gesicht fuhr, die Gerüche des nächtlichen Waldes, dazu die Stimmen der anderen und die vor Angst zitternden Polen waren kein Traum. Trotz meiner Zweifel spürte ich noch etwas anderes. Aber was? Ich fühlte mich gut. Ich war hier bei meinen Freunden, wir hatten zwei Diebe gefangen, wir beschützten unsere Heimat. Wir waren eine Einheit und wir waren die Guten.

„Wir haben nichts gemacht!", rief der Beifahrer jetzt und unterbrach meine Gedanken.

„Halt's Maul!", sagte Konrad finster.

„Habt ihr in Polackenland keine eigenen Universitäten oder wieso nehmt ihr deutschen Studenten die Studienplätze weg?", fragte Hartmut.

„Falls das überhaupt stimmt", sagte Reinhold.

„Wir studieren Europäisches Recht", sagte einer der beiden.

Ich war mir sicher, dass Reinhold und die anderen die Polen verprügeln wollten, um ihnen einen Denkzettel zu verpassen. Als Reinhold einen schwarz glänzenden Gegenstand aus seiner Jacke zog, den er Konrad reichte, konnte ich ihn nicht zuordnen. Mondstrahlen brachen sich auf der Oberfläche des eckigen Dings. Erst als Konrad sie durchlud, den Schlitten metallisch schnappen ließ, wurde mir klar, dass er eine Pistole in der Hand hielt.

„Los, runter!", befahl Konrad den Polen und drückte sie auf die Knie.

Der eine schrie etwas auf Polnisch, der andere weinte und verbarg sein Gesicht in den Händen. „Dlaczego!", schrie der eine immer wieder und: „Nie! Nie!"

„Sprich deutsch, du Sau!", schrie Gunter und trat ihm in den Rücken, sodass er nach vorn fiel und mit dem Gesicht im Dreck landete. In dieser Position sah er aus, als würde er beten.

Konrad stellte sich hinter den Beifahrer, der mit geschlossenen Augen, aus denen Tränen liefen, vor sich hinmurmelte, und drückte ihm die Pistole an den Hinterkopf.

„Co tu się dzieje?", schrie der andere zwischen zwei Schluchzern. Sein Rücken bebte, er hockte auf allen vieren, den Kopf auf die Erde gepresst, als wollte er sich hineinwühlen, sich in Sicherheit bringen.

Ich sah zu Reinhold und wartete auf ein Zeichen von ihm, damit er die Sache beendete, doch er stand nur da, die Arme verschränkt, mit einem leichten Lächeln auf den Lippen. Hinter ihm, etwas verdeckt, stand Hartmut, dessen Unterkiefer unentwegt mahlte, als würde er auf etwas herumkauen.

Reinhold, versuchte ich zu sagen, bekam aber nichts heraus. Ich hatte das Gefühl, dass die Welt sich um mich herum in diesem Augenblick irrwitzig schnell drehte. Als würde das Leben beschleunigen und nur ich behielt mein altes Tempo bei. „Reinhold", brachte ich endlich heraus, doch er beachtete mich nicht und ich war davon überzeugt, dass er mich gar nicht verstehen konnte, weil wir in diesem Moment nicht in derselben Zeit lebten.

„Los, gebt endlich zu, dass ihr nur klauen wollt!", schrie Konrad. Das Mondlicht überzog sein Gesicht mit einem fahlen Schein. Er sah blass und leblos aus, wie eine Holzpuppe. In diesem Moment hörte ich das Klicken des Abzugs. Ein Geräusch wie Eissplitter, die sich in meine Ohren bohrten. Ich schloss die Augen und wartete auf den Knall. Doch er kam nicht. Als ich die Augen aufschlug, sah ich, wie Konrad die Pistole in seinem Mantel verstaute.

„Noch mal Glück gehabt, ihr Scheißer", sagte er und sah zu Reinhold, der ihm zunickte.

„Los, verpisst euch, und lasst euch in Deutschland nie wieder blicken!", schrie Konrad und trat einem der beiden in die Seite, dass er aufjaulte.

Die beiden Polen rappelten sich hoch, wobei sie sich gegenseitig stützten, und standen mit wackligen Beinen da. Der eine hatte sich in die Hose gemacht. Er versuchte krampfhaft, den Fleck mit seinen zittrigen Händen abzudecken.

„Predki, predki!", rief Hartmut und wedelte mit den Armen, als wollte er ein paar Fliegen verscheuchen.

Die Polen sahen uns an, als könnten sie nicht glauben, dass wir sie laufen ließen. Dann drehten sie sich wie auf ein geheimes Signal gleichzeitig um und rannten davon. Ich sah ihnen nach, wie sie im Wald verschwanden, wobei ihnen die Zweige ins Gesicht klatschten.

Als ich neben den anderen im Auto saß, war ich mir nicht sicher, das alles wirklich erlebt zu haben. Das hatte ich mir nur eingebildet, dachte ich, und sah zu Reinhold, dann zu Konrad. Sie sahen ganz normal aus, unterhielten sich über Fußball und lachten. Das war ein Traum, beruhigte ich mich.

„Das war wirklich anständig von Reinhold, dass er uns nicht mit reingezogen hat", verkündete Onkel Rolf am nächsten Tag, als ich zum Frühstück runterkam. „Wenn die Polen Anzeige wegen Freiheitsberaubung erstatten, können sie uns ganz schön Ärger machen."

Tante Jeske schüttelte entsetzt den Kopf. „Dass ihr da aber auch mitmacht! Soll Reinhold mit seinen Jungs doch allein losziehen und Ganoven jagen."

„Aber dafür haben wir jetzt Ruhe vor denen", widersprach Onkel Rolf. „Wenn die nur keine Anzeige erstatten. Wir hätten doch die Polizei rufen sollen." Er sah aus wie ein gehetztes Kaninchen, das von Hunden in eine Ecke getrieben worden war.

Wenn du wüsstest, was noch alles passiert ist, würdest du tot umfallen, du zahnloser Köter, dachte ich und biss krachend in mein Brötchen. Ich musste mich zusammenreißen, um nicht wütend aufzuspringen. Ich verachtete ihn dafür, dass er zu Hause seine Füße gewärmt hatte, während ich diesen Scheiß mit ansehen musste.

Und ich verachtete Reinhold dafür, dass er mich mitgenommen und es zugelassen hatte, dass zwei Menschen so behandelt wurden. Und ich verachtete die Zwillinge für ihre Grausamkeit. Das hing mir alles zum Hals raus. Das ganze Gelaber von Ehre und Aufrichtigkeit. Das ganze nationale Getue. Dabei ging es doch jedem nur um seinen eigenen Arsch.

In diesem Moment war mir alles verhasst. Die spießige Welt, in der mein Onkel und meine Tante sich eingerichtet hatten. Ihre Unfähigkeit, das Leben außerhalb ihrer eigenen vier Wände wahrzunehmen, ihre Heuchelei, ihre Schwammigkeit, ihre unklare Haltung. Sie ließen sich wie Nutzvieh mal hierhin, mal dorthin treiben. Sie wollten Vorbilder sein, aber sie standen für nichts ein. Alles, was ich von ihnen hörte, war Gejammer: Gejammer über verpasste Chancen, über andere, die es besser hatten, über Politik, über ein zu kleines Auto, Reparaturen am Haus, zu wenig Geld. Ich verachtete ihr kleines Leben. So wollte ich nicht enden. Sie waren doch schon tot. Aber wo spielte sich das echte Leben ab?

Wütend stürmte ich nach oben und schloss mich im Bad ein. Ich sah in den angelaufenen Spiegel, der über dem Waschbecken hing. Wenn man lange genug hineinschaute, wurde einem das eigene Gesicht fremd – genauso wie ein Wort, das man wieder und wieder vor sich hersagt und das dadurch seine Bedeutung verliert. War ich das wirklich da im Spiegel? Sah ich so aus? Was bedeutete der Überfall auf die beiden Polen für mich, für mein Leben? Verwandelte ich mich jetzt? Wurde ich so wie Gunter oder wie Konrad?

Ich konnte meinen Blick nicht von meinem Spiegelbild lösen. Der Typ auf der anderen Seite war mir fremd. Wo kam der plötzlich her? Und wo war Ben?

Ich beschloss, auf Georgs Vorschlag einzugehen und mit ihm nach Polen zu fahren. Irgendwie hatte ich die irre Idee, dadurch eine Art Opfer zu erbringen. Irgendeine Art von Wiedergutmachung für die beiden Jungs, denen wir so eine Angst eingejagt hatten.

Ein paar Tage später bekam ich wieder eine Mail von Wotan.

Betreff: Dies Irae

Der Tag des Zorns rückt näher. Du kennst sicherlich die Geschichte vom Jüngsten Gericht.
„Welch ein Graus wird sein und Zagen / Wenn der Richter kommt mit Fragen / Streng zu prüfen alle Klagen."
Die Eiserne Faust ist dir auf der Spur, Kameradenverräter, und beobachtet dich.

Gezeichnet:
Arischer Widerstandsrat Berlin

Ich überlegte, ob ich zurückschreiben sollte, hatte aber keine Lust auf diesen Quatsch und so löschte ich die Mail. Dieser Wotan war doch nicht zurechnungsfähig.

„Ich freue mich, dass du mitkommst", sagte Georg, als ich auf den Beifahrersitz seines Busses kletterte. Ich freute mich ebenfalls. Vor allem darüber, mal ein paar Tage aus Bütenow wegzukommen. Das Dorf kam mir so eng vor.

Tante Jeske war erst dagegen gewesen, hatte sich dann aber von Onkel Rolf umstimmen lassen.

Reinhold hatte mich scharf angesehen und gefragt, warum ich mit diesem Verräter mitfahren würde. „Der kümmert sich doch nur um sich selbst", hatte Uta gesagt. „Der kennt überhaupt kein Gemeinschaftsgefühl, kein Vaterland. Und außerdem macht er uns schlecht, wo er nur kann." Sie hatte geseufzt und gesagt: „Aber wenn es unbedingt sein muss, dann fahr halt mit. Vielleicht tut es dir ja ganz gut, mal in dieses heruntergekommene Land zu fahren. Nach Polen", hatte sie verächtlich hinzugefügt. „Aber vergiss nicht, dass Stettin einmal eine deutsche Stadt war, und besinne dich auf deine Wurzeln."

„Und pass auf deine Sachen auf", hatte Reinhold bemerkt.

„Du kannst doch nicht ernsthaft dahin wollen?", hatte Freya entsetzt gefragt. „Die kommen hierher und beklauen uns, und du fährst freiwillig zu denen!" Dann war ihre Stimme weich geworden: „Pass gut auf dich auf und verlass dich nicht auf diesen Georg." Sie hatte mir durch das Haar gestrichen und geseufzt: „Und komm gesund wieder."

Den Zwillingen war es egal gewesen. Sie hatten selbst Kontakte zu polnischen Nationalisten, die Staatszugehörigkeit zählte nicht, solange man dasselbe Ziel verfolgte. Mein Verhältnis zu Gunter und Konrad war ohnehin etwas abgekühlt, was mir nur recht war.

„Sag mal, deine neuen Freunde vom Gutshof, was wollen die eigentlich?", fragte Georg, als wir auf die Autobahn bogen.

„Nichts weiter", sagte ich und ärgerte mich gleichzeitig über mich selber, weil ich sie in Schutz nahm.

„Aber diese Deutschtümelei und dieses Getue von wegen Volkstänze im Platzhaus und so weiter. Was soll das? Das sind doch eindeutig Nazis."

„Na ja", sagte ich überrumpelt, „aber es geht ihnen mehr um die Gemeinschaft."

Georg sah mich misstrauisch an.

„Also so richtige Nazis sind sie eigentlich nicht, die wollen keinen Hitler-Staat oder so, sondern ..." Ich wusste nicht weiter.

„Pass bloß auf", sagte er und wechselte zum Glück das Thema. Den Rest der Fahrt unterhielten wir uns über die Schule, über Bücher und über dies und jenes.

Stettin entpuppte sich als normale Stadt. Ich hatte heruntergekommene Häuser erwartet, Menschen, die gebeugt durch die Straßen schlichen und einen finster ansahen, aber so war es nicht. Wären die Straßenschilder nicht auf Polnisch gewesen, dann hätte man auch in einer deutschen Stadt sein können. Die Polen waren freundlich und trugen dieselben Klamotten wie bei uns.

„Was hast du denn erwartet?", fragte Georg, der meine Verwunderung bemerkte. „Hat dir dieser Reinhold eingeredet, dass hier nur Untermenschen rumlaufen und geklaute deutsche Autos fahren?" Er lachte. Ich verkniff mir eine Antwort.

Unser Hotel lag in der Innenstadt, und wegen einer Messe hatte Georg nur ein Zimmer für uns beide buchen können, aber wenigstens hatten wir separate Betten. Die Frau an der Rezeption sprach gut deutsch, unterhielt sich mit einem anderen Gast auf Französisch und telefonierte auf Englisch, das beeindruckte mich. Wir brachten unsere Taschen hoch und machten uns auf den Weg zur Galerie, in der Georg ausstellen sollte. Sie war nicht weit entfernt vom Hotel, und unterwegs lud Georg mich auf eine Limo in ein Café ein. Wir saßen am Fenster und sahen dem Treiben auf der Straße zu.

„Und?", fragte er nach einer Weile und zuckte mit den Achseln. „Wie läuft es so bei dir?"

„Gut", sagte ich. Dabei stimmte es überhaupt nicht. Ich wusste nicht recht weiter und hatte den Eindruck, in etwas geraten zu sein, das ich nicht mehr kontrollieren konnte. Aber was konnte Georg schon tun?

„Wenn was ist, meine Tür steht dir immer offen", sagte er. Und das genügte, um meine Stimmung zu bessern. Ich wollte keine schlauen Ratschläge von Erwachsenen, keine Tipps, wie man leben soll, keine Vorwürfe. Ich nickte. Dann gingen wir zu der Galerie, wo die Ausstellung für den Abend geplant war. Zusammen mit der Galeristin, einer rundlichen Frau, die uns freundlich und auf Deutsch empfangen hatte, hängten wir Georgs Bilder auf.

Dann fuhr uns die Galeristin mit ihrem Auto durch die Stadt und wusste zu jedem Gebäude eine Geschichte zu erzählen. Wir aßen mit ihr zu Abend, bevor sie uns im Hotel ablieferte, wo wir uns für die Ausstellungseröffnung umziehen wollten.

Tante Jeske hatte mir ein frisch gebügeltes Hemd und eine saubere Jeans eingepackt. Vorher duschte ich. Gerade als ich mich abtrocknete, platzte Georg ins Bad herein. Er war eine Telefonkarte holen gegangen und hatte mich unten an der Rezeption vermutet, wo wir uns treffen wollten. Ich hatte vergessen abzuschließen und stand nackt vor dem Spiegel, was mir ziemlich peinlich war. Georg murmelte eine Entschuldigung und verschwand.

„Beeil dich!", rief er durch die geschlossene Tür. „Wir müssen gleich los."

Die Galerie war voll und fast jeder schien Georg zu kennen. Er begrüßte viele Leute, andere schlugen ihm auf die Schulter, mit einigen stieß er an. Ich trank drei Gläser Weißwein und hatte das Gefühl, über ein schwankendes Schiff zu gehen. Vorsichtig setzte ich einen Fuß vor den anderen und kicherte vor mich hin. Ich wanderte durch die beiden kleinen Räume, sah mir die Bilder und vor allem die Leute an. Da entdeckte ich sie: Sie war etwa in meinem Alter und das schönste Mädchen, das ich je gesehen hatte. Sie stand versunken vor einem von Georgs Bildern. Ich umkreiste sie eine Weile unentschlossen, bis ich mich neben sie stellte und mit ihr das Bild studierte. Dann drehte ich mich unvermittelt zu ihr um, wobei ich zu viel Schwung hatte und beinahe das Gleichgewicht verlor. Das Mädchen sah mich amüsiert an und sagte etwas auf Polnisch.

„Dobrze", sagte ich und versuchte das Kreiseln in meinem Kopf unter Kontrolle zu bringen. Sie sagte wieder etwas, aber da ich nur das eine polnische Wort kannte, wiederholte ich es: „Dobrze."

„Bist du der Freund von Georg?", fragte sie mich auf Deutsch.

„Bin ich", gab ich zurück und beobachtete einen Lichtfleck, der an der Wand tanzte und dessen Ursprung ich nicht erkennen konnte.

„Ich heiße Aglaia", sagte das Mädchen.

„Du bist das schönste Mädchen der Welt", sagte ich und trotz des Alkoholdunstes, der mein Hirn vernebelte, spürte ich, wie mir das Blut siedend heiß ins Gesicht stieg, und ich wäre am liebsten im Boden versunken.

Aglaia lachte. „Bist du betrunken?", fragte sie.

„Nicht", sagte ich. „Äh, nein, bin ich nicht", schob ich hinterher. „Wohnst du in der Galerie?"

Aglaia sah sich um. „Nein", sagte sie. „Ich wohne in einer Wohnung."

Ich lachte. „Ja, nee, soso", sagte ich. Mehr fiel mir nicht ein. Sie hielt mich bestimmt für einen kompletten Idioten, beschimpfte ich mich in Gedanken. Ein Wunder, dass sie mich nicht einfach stehen ließ.

„Die Galerie gehört meiner Tante", sagte Aglaia.

„Ja, ich habe auch eine." Als sie mich verständnislos ansah, sagte ich mit Grabesstimme: „Tante Jeske."

„Mhm", machte Aglaia höflich.

„Wo hast du so gut Deutsch gelernt?" Der erste vernünftige Satz, der mir einfiel.

„In der Schule", sagte sie. „Viele lernen es."

„Das ist gut", sagte ich und überlegte krampfhaft, ob mir nicht etwas Schlaueres einfiel. „Bei uns lernt man kein Polnisch in der Schule." Das war zwar nicht viel schlauer, aber schon besser als der vorige Satz.

„Mhm", machte Aglaia wieder. Sie fragte mich, was ich später werden wolle. Darauf hatte ich keine konkrete Antwort, also sagte ich, dass ich gern las und vielleicht was in der Richtung machen wolle. „Journalismus?", fragte Aglaia.

„Ja, so was", sagte ich. So richtig Gedanken hatte ich mir noch nicht über meine Zukunft gemacht.

Aglaia wollte Ärztin werden und dann im Ausland arbeiten und die Welt kennenlernen, erzählte sie mir begeistert.

„Das ist bestimmt toll", sagte ich und bugsierte sie zu dem Wein, von dem ich uns beiden reichlich einschenkte. Wir prosteten uns zu und tranken. Ich fragte Aglaia, ob sie einen Freund habe. Ohne den Wein hätte ich mich das nicht getraut. Sie lächelte nachsichtig und sagte, sie hätte sich gerade getrennt. Ich fragte, warum.

„Er war ein Idiot", sagte sie nur. Wir gingen vor die Tür und setzten uns in einen Hauseingang. „Hast du eine Freundin?", wollte sie wissen.

„Nein", sagte ich.

„Aber du bist verliebt in ein Mädchen", stichelte Aglaia.

Am liebsten hätte ich gesagt, dass ich in sie verliebt wäre, aber das wagte ich dann doch nicht. „Nein, bin ich nicht", sagte ich und fragte mich, ob man das als Verrat an Freya werten konnte.

„Aber du wirkst traurig", beharrte sie.

Ich dachte einen Moment nach und sagte: „Ich habe ein paar schlimme Sachen erlebt." Und dann erzählte ich ihr von den beiden Polen und von der Scheinhinrichtung. Ich musste es endlich mal loswerden und die Gelegenheit war nicht schlecht, schließlich war ich sozusagen im Land der Opfer. Ich schämte mich, während ich erzählte, und konnte Aglaia nicht in die Augen blicken. Sie war entsetzt, und ich hätte es ihr nicht verübelt, wenn sie aufgestanden und gegangen wäre. Doch sie blieb sitzen und hörte sich meine Geschichte bis zum Ende an.

„Du musst zur Polizei gehen", sagte sie schließlich.

„Ich kann nicht. Sie sind meine Freunde."

„Das hört sich nicht so an, als wären diese Menschen deine Freunde", sagte sie.

Ich wand mich innerlich. „Irgendwie schon. Sie kümmern sich um mich. Und in manchen Dingen haben sie recht." Aglaia sah mich fragend an. „Es stimmt doch, dass Deutschland ausblutet und im Griff der internationalen Finanzmafia steckt. Das ist doch bei euch bestimmt genauso. Und im Dritten Reich war nicht alles schlecht. Abgesehen von dem Überfall auf euch." Ich redete mich um Kopf und Kragen. Spätestens an dieser Stelle hätte Aglaia gehen müssen, doch sie blieb. In ihren Augen war so ein belustigtes Funkeln, als müsse man das alles nicht so ernst nehmen. „Es geht doch auch um die Gemeinschaft. Jeder kämpft für sich allein und der Einzelne ist schwach. Warum tun Tiere sich denn zu Rudeln zusammen?" Ohne ihre Antwort abzuwarten, fuhr ich fort: „Weil sie dann stärker sind."

„Sagt das dieser Reinhold?", wollte sie wissen.

„Ja. Und er hat recht."

„Bist du ein Tier?", fragte Aglaia.

„Der Mensch ist doch auch nur ein intelligentes Tier", sagte ich.

Aglaia ließ meinen Einwand nicht gelten. „Du hattest doch Mitleid mit den beiden Jungs." Ich nickte. „Na also. Tiere empfinden kein Mitleid. Du schon. Das unterscheidet dich von ihnen. Also vergleich dich nicht mit einem Tier."

Sie hatte ja recht. Aber Reinhold eben auch. Ich sah doch, was um mich herum in der Welt passierte und dass die Leute unglücklich und verwirrt waren. Und dass sie Halt suchten und Orientierung.

„Vielleicht kommt dir das alles nur so vor", sagte Aglaia, als ich ihr davon erzählte. „Du kannst doch nicht in die Leute reingucken und oft ist es anders, als man denkt."

Gegenüber im Haus ging Licht hinter einem Fenster an und der Schein übergoss Aglaia mit einem honigfarbenen Leuchten. Ich griff nach ihrer Hand. Sie zog sie nicht zurück, und so saßen wir da, hielten Händchen und starrten in den Mond. Ewig hätte ich so sitzen können. So friedlich, so weit weg von meinem Dorf, von Tante Jeske, von Reinhold und Uta und den Zwillingen. Leider wurde der Weinnebel in meinem Kopf immer dichter und ich bildete mir ein, dass er sich spiralförmig um meine Gedanken wickelte und mich in eine ferne Galaxie entführte, in der es plötzlich zwei Aglaias gab. In diesem Moment setzte meine Erinnerung aus.

Ich erwachte mit einem Bohrer im Kopf, der gerade dabei war, mein Gehirn zu durchlöchern. Solche Kopfschmerzen hatte ich noch nie gehabt. Solche Schmerzen hatte wahrscheinlich noch nie jemand gehabt! Ich war bestimmt ein medizinisches Wunder. Bei diesem Gedanken musste ich lachen, wobei mir so schlecht wurde, dass ich mich beeilen musste, rechtzeitig ins Bad zu kommen. Erst als ich wieder lag, fiel mir der Eimer neben dem Bett auf. Georg musste ihn dorthin gestellt haben. Ich konnte mich an den Beginn des Abends erinnern, aber nicht an dessen Ende. Wie war ich überhaupt ins Hotel gekommen? Ich hatte nur noch meine Unterhose an, aber ich wusste nicht mehr, dass ich mich ausgezogen hatte. Meine Sachen waren ordentlich über eine Stuhllehne gehängt. Wo war überhaupt Georg?

Auf dem Tisch entdeckte ich eine Nachricht von ihm: *Bin schon frühstücken. Komm nach, wenn du aus deinem Koma erwacht bist. Georg*

Ich zwängte mich in meine Jeans, wobei mir schwindelig wurde. Schnell setzte ich mich wieder aufs Bett. Nach einer ganzen Weile hatte ich mich erholt und ging nach unten, wo mich Georg lachend erwartete. „Von den Toten auferstanden?"

Ich verzog das Gesicht und griff nach der Wasserkaraffe.

„Ich war mir nicht sicher, ob du überhaupt noch mal aufwachst", witzelte er. Ich wollte gerade etwas erwidern, da fiel mir Aglaia ein. Was musste sie von mir denken? „Keine Angst, Aglaia ist ein verständnisvoller Mensch", beruhigte mich Georg. „Aber bei deinem nächsten Rendezvous solltest du ausschließlich Wasser trinken."

„Wie bin ich denn ins Hotel gekommen?", fragte ich.

Georg schmunzelte. „Mit vereinten Kräften."

„War Aglaia auch dabei?", wollte ich wissen.

Er lachte. „Nein, war sie nicht. Ich soll dich übrigens von ihr grüßen, und du sollst dich melden."

„Wo denn?", fragte ich. Georg schob mir einen Zettel rüber, auf dem in geschnörkelter Schrift Aglaias voller Name stand und der Hinweis: *Facebook!*

Trotz meiner gedämpften Stimmung machte mein Herz einen Sprung. Sie wollte mit mir in Kontakt bleiben. Während der ganzen Rückfahrt dachte ich an sie und versuchte mich an alles zu erinnern, über das wir gesprochen hatten. Als wir die Grenze hinter uns gelassen hatten, fiel mir Freya ein und meine Laune verdüsterte sich. Ich musste mit ihr Schluss machen, aber wie? Auch wenn ihre Eltern offiziell nichts davon wussten, war ich mir sicher, dass Uta im Bilde war und mir den Kopf abreißen würde, wenn ich ihre Freya unglücklich machte. Und so beschloss ich, es weiterlaufen zu lassen, bis ich eine zündende Idee hatte. Bis dahin würde ich versuchen, Freya aus dem Weg zu gehen. Ich spürte einen immer größeren Widerwillen, in den ganzen Schlamassel zurückzukehren. Ich wollte auch Uta und Reinhold und die Zwillinge nicht sehen, denn ich war mir nicht sicher, ob ich noch zu ihnen gehören wollte. Ich war verwirrt und brauchte Zeit, um mir über einiges klar zu werden. Aber Zeit war genau das, was ich nicht hatte.

Das Schild hinter dem Ortseingang fiel uns sofort auf: *Braunau 856 km, Paris 1406 km, Stalingrad 2643 km.* Alles in altdeutscher Schrift.

Georg drückte auf die Bremse. Ich stützte mich an der Konsole ab, um nicht dagegenzuprallen, als der Wagen schlitternd und mit quietschenden Reifen zum Stehen kam. „Jetzt reicht's!", schrie Georg, riss die Tür auf und sprang raus. Er rüttelte an dem Schild, das sich nicht bewegte, lief zum Kofferraum, wo ich ihn herumkramen hörte. Mit einem Beil in der Hand tauchte er wieder vor der Windschutzscheibe auf und schlug auf den Pfahl ein.

„Georg!", rief ich.

Er fluchte und schlug mit ein paar kräftigen Hieben den Pfahl um, der krachend in einen Busch stürzte. Wutschnaubend setzte sich Georg wieder hinter das Steuer. „Das geht zu weit!", rief er außer Atem und mit roten Flecken im Gesicht. „Deine Nazikumpel denken wohl, das wäre hier ein rechtsfreier Raum, wo sie machen können, was sie wollen."

Ich sah ihn fragend an.

„Du weißt doch wohl, dass Hitler in Braunau geboren wurde. Und dass seine Soldaten in Paris einmarschiert sind und dass sie später Stalingrad belagert haben", erklärte er mir.

„Ja, ja", sagte ich genervt, weil er so tat, als wäre ich mitschuldig. „Aber was kann ich dafür?"

„Du hängst da mit drin", sagte er. „Also trägst du auch Verantwortung."

Bis zum Haus von Tante Jeske sprachen wir kein Wort, die Verabschiedung fiel knapp aus.

Tante Jeske erwartete mich in der Küche.

„Hast du das Schild gesehen?", fragte ich statt einer Begrüßung.

Tante Jeske sah mich verwundert an. „Ja, das habe ich", sagte sie.

„Das ist doch Mist, oder?"

Sie nickte langsam mit dem Kopf, als würde sie gleichzeitig nachdenken. „Das hat Reinhold mit dem, der immer so finster guckt, aufgestellt."

„Hartmut", sagte ich. „Aber egal, darauf steht, wie weit es bis zu Hitlers Geburtsort ist", sagte ich vorwurfsvoller als beabsichtigt. Tante Jeske konnte ja nun gar nichts dafür.

„Ich weiß", sagte sie. „Reinhold und auch Uta haben ja diesen Spleen. Aber so schlimm finde ich das nicht. Sie bringen ja keinen um. Und das ist immer noch besser, als wenn die Ausländer kommen."

Ich verschwand wütend in mein Zimmer.

Die nächsten Tage verließ ich das Haus nur, um zur Schule zu gehen, und mied das Gutshaus. Von den Bewohnern sah ich niemanden. Sie fragten auch nicht nach mir.

Aglaia und ich schrieben uns regelmäßig über Facebook, wo ich mir immer wieder die Fotos auf ihrem Profil ansah. Sie schrieb lustige Sachen über ihre Schule und porträtierte ihre Klassenkameraden auf so witzige Weise, dass ich laut auflachte. Im Vergleich zu ihr kam ich mir sehr langweilig vor. Worüber sollte ich ihr auch schreiben, es passierte ja nichts Erzählenswertes bei uns.

Doch dann fing ich an, über das Leben und die Bewohner in unserem Dorf zu schreiben, und war erstaunt, wie viel mir dazu einfiel. Allerdings schrieb ich wenig über die Gutshofbesitzer. Warum, weiß ich auch nicht, vielleicht hatte ich Angst, dass Aglaia dann nichts mehr mit mir zu tun haben wollte.

Als ich am Dienstag nach der Schule aus dem Bus stieg, stand Reinholds Wagen an der Haltestelle.

„Zurück aus Westpommern?", rief er aus dem geöffneten Seitenfenster, wobei er sich über den Beifahrersitz beugte. Ich war mir sicher, dass das kein Zufall war, er hatte mich abgefangen. „Hüpf rein, ich bring dich nach Hause."

Widerwillig stieg ich ein, obwohl es von der Haltestelle bis zu uns nur ein paar Hundert Meter waren.

„Ben, Ben, Ben", sagte er kopfschüttelnd. „Was haben wir dir eigentlich getan, dass du uns aus dem Weg gehst?"

„Nichts", sagte ich und versuchte, ihn nicht anzusehen.

„Bist du böse auf uns?"

„Nein."

Er fuhr an Tante Jeskes Haus vorbei und bog auf die Landstraße, wo er ziemlich beschleunigte. „Wenn du ein Problem hast, können wir doch darüber reden."

„Ich habe kein Problem", sagte ich.

„Es ist wegen der Aktion mit den beiden Polen, stimmt's?" Er sah mich an, was ich bei dem Tempo ziemlich gefährlich fand, denn wir steuerten gerade auf eine enge Kurve zu. „Das hat dich verstört. Das merke ich doch."

„Ja", sagte ich und starrte gebannt nach vorne, wo ich uns zerquetscht am nächsten Baum kleben sah.

„Manchmal muss man unangenehme Dinge tun", sagte Reinhold. Die Reifen quietschten leise, als wir um die Kurve schossen. „Mir hat das auch keinen Spaß gemacht."

„Aber was, wenn sie unschuldig waren?"

Reinhold lachte leise und beschleunigte wieder auf der Geraden. „Sei doch nicht so naiv, Ben." Er sah mich erneut an. „Gerade von dir habe ich mehr erwartet. Natürlich behaupten die Kerle, unschuldig zu sein. Was würdest du denn tun?"

Mittlerweile fuhren wir 180 Stundenkilometer und die nächste Kurve war nicht weit.

„Hast du jemandem davon erzählt? Deiner Tante oder deinem Onkel?"

„Nein!", rief ich und versuchte, mir meine Angst nicht anmerken zu lassen.

„Oder jemand anderem? Diesem Georg vielleicht?"

„Nein, habe ich nicht."

Die Kurve kam rasend schnell näher und Reinhold machte keine Anstalten, langsamer zu werden. Ich hielt mich krampfhaft am Seitengriff fest. Kurz vor der Kurve schloss ich die Augen, doch Reinhold bremste und das Auto schlitterte ein wenig, bis er es abfing und sanft die Kurve nahm.

„Dir ist doch klar, dass du dich genauso schuldig gemacht hast wie die anderen. Falls du zur Polizei gehen willst, dann hängst du genauso mit drin. Und ich kann mir vorstellen, dass deine Tante dich dann nicht mehr im Haus haben will. Wo willst du dann hin?" Während Reinhold redete, bog er auf einen Waldweg ein, fuhr noch ein paar Meter, bevor er anhielt und sich zu mir umdrehte. „Hör zu, Ben, wir sind doch Freunde, oder?"

Ich nickte.

„Lass uns einen Pakt schließen. Wir gehen davon aus, dass die beiden Jungs schuldig waren. Und davon bin ich fest überzeugt. So was sehe ich. Wir haben also keinen Unschuldigen geschadet. Außerdem haben wir sie nur erschreckt. Denen ist nichts passiert. Ich hätte auch nie zugelassen, dass die Zwillinge ihnen tatsächlich etwas antun."

Ich wich seinem Blick aus. In Gedanken sah ich die beiden Jungs vor mir, wie sie um ihr Leben bettelten.

„Glaubst du mir das?", fragte Reinhold.

„Ja", sagte ich nach einer Pause, dabei wusste ich nicht mehr, was ich glauben sollte.

„Gut", sagte Reinhold und sah geradeaus, wo in einiger Entfernung eine Frau vorbeiritt.

„Wir werden die Sache vergessen und ich verspreche dir, das Projekt Bürgerwehr einzustellen. Die haben sowieso kapiert, dass sie bei uns an die Falschen geraten sind." Er sah mich erwartungsvoll an. „Übrigens: Uta ist traurig, weil du gar nicht mehr zu uns kommst. Freya und die Zwillinge natürlich auch."

Beinahe hätte ich gelacht. Dass die Zwillinge traurig waren, weil ich nicht mehr kam, konnte ich mir beim besten Willen nicht vorstellen. Ich sah sie direkt vor mir mit verweinten Augen und musste gegen meinen Willen tatsächlich lachen.

„Na, siehst du", sagte Reinhold. „Ist doch alles gar nicht so schlimm."

„Uta und Reinhold wollen eine Weihnachtsfeier veranstalten!", rief Tante Jeske, als sie in die Küche kam. Ich saß mit Onkel Rolf beim Kaffee. Sie schwenkte einen Zettel. „Einladung zur Wintersonnenwende", las sie uns vor. „Ist das nicht nett? Sie wollen alle Bewohner auf ihren Hof einladen und ein Sonnenfeuer kurz vor Weihnachten entzünden."

„Was ist denn das für ein Unsinn?", fragte Onkel Rolf.

„Die Tage werden länger", rief Tante Jeske aus dem Flur. „Das ist ein alter Brauch. Es gibt Musik, Spiele, Essen und Trinken."

„Aha", sagte Onkel Rolf. „Ich hoffe nur, Reinhold und Uta wollen das Weihnachtsfest nicht abschaffen."

Tante Jeske steckte ihren Kopf durch die Tür. „Das sind doch keine Barbaren", sagte sie und verschwand wieder. Sie war ungewöhnlich guter Laune, was vermutlich daran lag, dass sie gleich ins Platzhaus gehen würde, um sich dort mit den Frauen des Dorfes zu treffen und unter Utas Leitung eine Volkstanznummer für die Sonnenwendfeier einzustudieren. Veronika stand schon im Flur und wartete im Mantel auf ihre Mutter.

„Deine Tante macht aber auch jeden Unsinn mit", kommentierte Onkel Rolf, als die Haustür zuklappte.

„Stimmt", sagte ich und ging hoch auf mein Zimmer.

Die folgenden Tage waren mit Vorbereitungen für die Wintersonnenwendfeier ausgefüllt. Alle Dorfbewohner hatte eine ungewohnte Betriebsamkeit erfasst, als wollten sie sich zur Adventszeit gegenseitig beweisen, was für eine vorbildliche Gemeinschaft sie doch waren.

Das Schild, das Georg rausgerissen hatte, stand wieder. Reinhold hatte es erneut aufgestellt. „Nach der Feier kommt es wieder weg", hatte er auf einer Versammlung im Platzhaus versprochen. Niemand beschwerte sich darüber und so blieb es einfach stehen.

Der Tag der Feier rückte näher und immer mehr Gäste trafen ein. Vor dem Gutshaus parkten lauter Wagen mit fremden Kennzeichen. Freunde von Uta und Reinhold. Vielleicht auch von Hartmut, wobei ich mir nicht vorstellen konnte, dass er welche hatte. Die Gäste waren überwiegend wie Reinhold und Uta gekleidet; die Männer in Zimmermannshosen und Fischerhemden, die Frauen in bodenlangen Röcken, manche in Trachtenkleidung. Es waren auch einige Jugendliche darunter, die sich von den Zwillingen den Militärflugplatz zeigen ließen, wobei Konrad mich fragte, ob ich nicht mitkommen wolle. „Ich kann nicht, ich muss Tante Jeske bei den Vorbereitungen helfen", redete ich mich raus.

Am Tag des Festes kamen noch mehr Fremde und überschwemmten die Festwiese, über die der große Holzstoß ragte und darauf wartete, entzündet zu werden. Viele aus dem Ort verkauften hinter langen Tischen Kuchen, Kaffee, belegte Brötchen und Bier.

„Hier, probier mal!" Die Zwillinge boten an ihrem eigenen Stand Met aus großen Fässern an und Gunter reichte mir einen Becher. Ich nahm einen Schluck und verzog angewidert den Mund.

Plötzlich kam ein Van auf mich zugeprescht und bremste scharf vor mir. Ich hüpfte zurück, stolperte über ein Tischbein und landete auf dem Hintern. Die Autotüren flogen auf, mehrere Skinheads sprangen raus und stürmten auf Gunter und Konrad zu, die sofort alles stehen und liegen ließen, um ihre Kameraden zu begrüßen. Das taten sie, indem sie ihre Köpfe mit der Stirn gegeneinanderschlugen. Die Dorfbewohner und auch einige der Gäste sahen sich verwundert an. Einer der Skins half mir auf die Beine. Es war Thure. Meine Knie zitterten noch vor Schreck, fast überfahren worden zu sein. Aus dem Van dröhnte Nazirock und auf der rechten Tür entdeckte ich den Schriftzug *Kampfbund Ost*.

Die Skins schleppten Bierkästen und Schnapsflaschen in Mengen an, als wollten sie bis zum Ende des Jahres durchsaufen. Thure drückte mir ein Bier in die Hand, worauf ich mir einen tadelnden Blick von Tante Jeske einfing, die gerade dabei war, einen Kuchen aufzuschneiden. Sie traute sich jedoch nicht, etwas zu sagen. Auch die anderen Dorfbewohner beäugten die Neuankömmlinge ängstlich. Selbst Reinhold schien besorgt, obwohl die Skinheads ihn freundlich begrüßt hatten.

Gunter stellte mich den Jungs vor. Zwei kamen aus Belgien, einer aus Holland, die anderen aus Göttingen. Ein Dicker, der den Schnaps wie Wasser trank, hieß Bomber und war der Anführer. „Ich habe schon vor dir gehört", sagte er mit glasigem Blick. „Du bist der neue Rekrut." Ich wusste nicht, was ich sagen sollte, und so hielt ich den Mund. „Du hast dich der schönsten Sache der Welt verschrieben", schwärmte Bomber. „Die Gemeinschaft … ah …" Er suchte nach den richtigen Worten. „Die arische Gemeinschaft ist heilig", sagte er endlich.

Paul, der gerade vorüberging, bedachte uns mit einem besorgten Blick. Ich sagte zu Bomber, dass ich meiner Tante helfen müsse, und ließ ihn stehen.

„Was sind das denn für welche?", raunte Tante Jeske mir zu.

„Freunde von Gunter und Konrad", sagte ich.

„Sind das Nazis?", wollte Onkel Rolf wissen, der gerade dazugekommen war.

Fast hätte ich gelacht. Das Hakenkreuz an Bombers Hals war nicht zu übersehen. Aber wenn ich Onkel Rolf erklärt hätte, unser ganzes Dorf sei mittlerweile fest in Nazihand, hätte er mich sicherlich für einen Spinner gehalten, der zu viel liest und dem die Fantasie durchgeht.

Die Skins hockten noch immer um den Met-Stand und ließen sich volllaufen. Wann immer mich Konrad herüberwinkte, rief ich, ich hätte zu tun, und stellte einen Kuchen um oder ordnete ein paar Servietten, damit ich beschäftigt aussah. Als es mir zu langweilig wurde, spazierte ich ein wenig umher.

„Es ist nun einmal tief in der weiblichen Seele verankert. Frauen fühlen sich der Erde verbundener als Männer, einfach darum, weil wir gebären. Uns ist es ein tiefes Bedürfnis zu hegen, zu pflegen. Das ist in unserem Erbgut bestimmt", sagte Uta gerade zu Tante Jeske, die zustimmend nickte und deren Gesicht vom Wein erhitzt und gerötet war.

Ich schlenderte weiter. „Ich habe nichts gegen Israel, aber wie die Juden mit den Palästinensern umspringen, das erinnert doch fatal an ihre eigene Geschichte", sagte Reinhold zu Gerber. „Der ganze Gazastreifen ist doch ein einziges KZ."

Gerber nickte und sagte: „Und das ganze Geld, das wir den Juden immer noch zahlen. Dabei ist das schon so ewig her."

„Die nehmen uns in moralische Geiselhaft", sagte Reinhold, worauf Gerber wieder nickte.

Als ich weitergehen wollte, spürte ich eine Hand auf meiner Schulter. Es war Brüggemann, der mich angrinste. Neben ihm stand seine Frau. Wir gaben uns die Hand. Reinhold versorgte die beiden mit Met.

„Eine gelungene Feier", sagte Brüggemann anerkennend. „Es ist doch schön, die alten Traditionen wiederzubeleben."

„Schön, dass Sie unserer Einladung gefolgt sind", sagte Reinhold zu Brüggemanns, worauf die drei anstießen.

„Ich bitte Sie", sagte Brüggemann mit gespielter Entrüstung. „Wir kämpfen doch an derselben Front." Sie stießen noch einmal an und ich ging weiter.

Die Dorfbewohner saßen meist für sich, wie auch die Gäste von Uta und Reinhold unter sich blieben. Als ob eine unsichtbare Grenze sie trennte. Nur als die Frauengruppe, von Uta angeführt, vor dem Platzhaus ihre Tänze aufführte, rückten die Gäste, die sich im Halbkreis aufgestellt hatten, zwangsläufig enger zusammen. Tante Jeske tanzte, als hätte sie ihr Leben lang auf diesen Moment gewartet. Verschwitzt, mit hochrotem Kopf und einem entrückten Lächeln auf den Lippen wirbelte sie hin und her wie ein wild gewordener Kreisel, wobei ihr langer Rock wie eine Fahne im Wind flatterte. Ihre Augen glänzten vor Freude. Und auch Veronika, die neben ihrer Mutter tanzte, strahlte. Trotz der Kälte schienen sie nicht zu frieren in ihren dünnen Trachtenkleidern.

Ich sah zu Freya, die neben einem Mann um die vierzig stand, der ihr hin und wieder etwas ins Ohr flüsterte. Es war Oswald Morgenthau, wurde mir bewusst. Er sah ganz anders aus, als auf den Bildern, die Freya mir gezeigt hatte. Er ging ihr gerade mal bis zum Kinn und war außerdem dünn wie eine Schnur. Morgenthau trug eine Kniebundhose und ein weißes Hemd unter seiner dicken Wolljacke, seine Gitarre lehnte an einem Baum hinter ihm. Mir wurde flau. Freya würde ein für mich geschriebenes Lied singen. Ich sah wieder zu den sich um die eigene Achse drehenden Frauen und hoffte, der Tanz würde nie enden.

Doch das tat er, und gleich im Anschluss kletterte Morgenthau auf eine kleine Bühne vor dem Platzhaus, setzte sich umständlich auf den Barhocker, beschwerte sich über die Kälte und zog sich ein paar Handschuhe über, die die Finger freiließen. „Was tut man nicht alles für sein Publikum?", seufzte er und schlug ein paar Akkorde an. Dann fing er an zu singen. Seine Stimme klang dünn und weinerlich, anders als auf der CD. Freya stand neben der Bühne. Ihre Gitarre wie ein Schwert vor sich in den Boden gestemmt, verfolgte sie Morgenthaus Konzert mit verklärtem Blick. Nach jedem Lied, das er mit minutenlangen Einleitungen kommentierte, wobei er sich jedes Mal selbst lobte, gab es jubelnden Beifall. Schließlich rief er: „Ich will euch jetzt ein deutsches Mädel ans Herz legen. Sie folgt meinen Spuren, die ich unter großen Mühen und Widerständen gesetzt habe, und erfreut sich und die Ihren mit deutschem Volksgut."

„Jetzt ist es aber mal gut, mit diesem ganzen Deutschdings", hörte ich hinter mir jemanden leise sagen.

„Mit Liedern aus meiner Feder und mit ersten, wenn auch unsicheren Schritten als Komponistin eigener, erfreut sie sich erster Erfolge im kleineren Kreis, doch so wie ein Stein, ins Wasser geworfen, immer weitere Kreise zieht, wird auch diese deutsche Maid bald höhere Weihen erlangen, dessen bin ich sicher."

Dann bat Morgenthau Freya auf die Bühne. Sie stieg leicht zitternd die zwei Stufen hoch und sah aus, als müsse sie sich gleich übergeben. Morgenthau flüsterte ihr etwas ins Ohr, dann spielte und sang sie eins von seinen Liedern. Morgenthau stand währenddessen daneben und betrachtete sie stolz, als wäre sie ein singender Hund oder eine ähnliche Attraktion.

Als das Lied zu Ende war und Morgenthau seine Gitarre umschnallte, hätte ich mich am liebsten im Boden verkrochen, denn ich wusste, was jetzt kam. Meine Hände schwitzten wie verrückt.

„Das nächste Lied hat die junge Maid neben mir höchstselbst geschrieben. Es ist ein kleines Liedchen mit einer einfachen Wahrheit und handelt von dem Helden, der uns aus tiefster Not errettet. Ganz so, wie kleine germanische Mädchen es sich wünschen", lachte er und nickte Freya zu.

Sie verspielte sich zweimal und brach wieder ab, was ihr einen belustigten Blick von Morgenthau einbrachte. Beim dritten Anlauf gelang es ihr, und die Melodie erhob sich und schwebte leicht in die klirrend kalte Spätnachmittagsluft. Morgenthau nahm die Melodie auf und führte sie weiter. Dann begann Freya zu singen: *„Siehst du die Tränen der Mütter? / Siehst du das Weiß ihrer Augen? / Sie weinen um ihre Söhne, / Die fremde Horden ihnen raubten."* So ging es noch eine Weile weiter, bis zum Refrain: *„Der Ritter im schimmernden Kleide, / Ein brünetter Recke mit Haaren wie Seide, / Donnernd kommt er angebraust, / Rupft den Feind mit Stumpf und Stiel aus."*

Morgenthaus dünne, hohe Stimme vermischte sich mit Freyas, die eher tief und dunkel war. Es klang, als würden eine Maus und ein Bär um die Wette krakeelen. Das war fies, sagte ich mir. Freya hatte dieses Lied für mich geschrieben. Das war doch toll. Das hatte noch niemand für mich gemacht. Aber ich konnte mich einfach nicht dafür begeistern.

Endlich war es zu Ende. Applaus flammte auf wie ein Strohfeuer. Ich sah mich um, doch niemand beachtete mich, was mich enorm beruhigte. Also brachte mich auch niemand mit dem Lied in Verbindung.

Reinhold und Uta kamen auf die Bühne und umarmten ihre Tochter. Ich ging ein paar Schritte und holte mir einen heißen Tee. Als ich wieder zur Bühne kam, war sie leer und Freya nirgendwo zu sehen. Nicht dass ich besondere Lust verspürte, sie zu sehen, aber ich dachte, sie würde das von mir erwarten. Um mich für das Lied zu bedanken oder so was. Ich sah Uta und fragte sie nach Freya. Sie sagte, sie sei mit Morgenthau zu dessen Auto am Gutshaus gegangen, um ihn zu verabschieden. Ich nahm den Weg zum Haus und überlegte mir, was ich ihr sagen sollte. Tolles Lied, schien mir zu schwach. Ich war zu Tränen gerührt? Zu kitschig. Und während ich um die Ecke bog und noch überlegte, sah ich die beiden neben Morgenthaus Auto stehen. Er stand mit dem Rücken zu mir und verdeckte Freya, um deren Hüfte er seine Hände gelegt hatte. „Na komm schon, ein Küsschen für meine Bemühungen." Sie sagte etwas, das ich nicht verstand. „Ich könnte eine Menge für dich tun."

Freya drehte den Kopf von ihm weg, sah mich und rief: „Ben!" Augenblicklich ließ Morgenthau sie los und trat einen Schritt zurück. Er drehte sich widerwillig zu mir um, schenkte mir ein falsches Lächeln und stieg in sein Auto. „Ben!", rief Freya noch einmal und kam erleichtert auf mich zu.

„So ist das also", sagte ich.

„Was meinst du denn?", fragte Freya.

„Tu doch nicht so", sagte ich. „Ich habe euch gesehen."

Freya wurde rot, sie wand sich wie ein Aal, woran ich meinen Spaß hatte. „Aber da war gar nichts", versicherte sie mir.

Ich sah sie prüfend an und sagte: „Das war's!" Dann drehte ich mich um und ließ sie stehen. Zwar konnte ich Freyas Gesicht nicht sehen, doch ich grinste bei der Vorstellung daran. Auf diese Weise konnte ich mit ihr Schluss machen, ohne ihr den wahren Grund zu nennen.

„Ben!", rief sie und rannte, um mich einzuholen. „Ich konnte nichts dafür. Er hat sich einfach auf mich gestürzt." Statt einer Antwort ging ich schneller. „Ben", sagte sie noch einmal und stolperte hinter mir her. „Du kannst mich doch nicht einfach so stehen lassen."

Ich drehte mich zu ihr um und sagte: „Fahr doch mit deinem Morgenthau mit, der kann ja so viel für dich tun."

Freyas Augen blitzten wütend. „Du bist ein blödes Arschloch", sagte sie ruhig. „So jemanden wie dich kann ich sowieso nicht gebrauchen. Du zweifelst an unserer Sache, hat Reinhold erzählt. Du wirst weich und knickst ein, wenn es mal Probleme gibt. Auf dich ist kein Verlass."

„Das hat Reinhold erzählt?", fragte ich.

„Ja", sagte Freya und erinnerte mich in ihrer kalten Wut an ihre Mutter.

„Dann ist es ja gut!", schrie ich und ging weiter, während Freya keinerlei Anstalten machte, mich einzuholen.

Ich war wütend. Weniger wegen Freya als wegen Reinhold. Irgendwie hatte ich ihn trotz allem für einen Freund gehalten.

„Du Versager! Jetzt trennt sich die Spreu vom Weizen!", rief Freya hinter mir her.

Ich ließ sie kommentarlos stehen.

Die beginnende Dunkelheit sickerte wie Tinte in ein Glas Wasser und färbte den Platz und die Menschen schwarz. Hartmut und die Zwillinge entzündeten Fackeln. Reinhold ging quer über den Platz. Nein, er schritt wie ein König. Eine angespannte Stimmung erfasste uns alle. Als Reinhold in der Mitte des Platzes angekommen war, drückte ihm Gunter eine Fackel in die Hand, dann schallte Reinholds Stimme durch den Abend: „Liebe Freunde!", begann er. „Nach guter deutscher Sitte feiern wir heute die Nacht der Wintersonnenwende. Wie bei jedem guten Brauch gibt es auch hier Regeln." Er gab Gunter, Konrad und Hartmut einen Wink, die sogleich herumgingen und Zettel an alle verteilten.

„Wir werden schweigend zur Feuerstelle gehen", rief Reinhold. „Dort werden wir zusammen das Scharlied singen, der Text befindet sich auf eurem Blatt." Er räusperte sich. „Dann werde ich das Feuer anzünden und noch ein paar Worte zu euch sprechen, wenn ihr es mir erlaubt."

Ich beobachtete Uta, die Reinhold mit großen und glänzenden Augen ansah. Daneben stand Freya, die mich mit ihren Blicken durchbohrte.

Hartmut, die Zwillinge und ein paar Freunde von Uta und Reinhold schnappten sich die Fackeln und schritten feierlich zum Holzstoß. Wir anderen latschten zögerlich hinterher. Einige unterhielten sich, wurden aber von den Skinheads mit bösen Blicken zum Schweigen gebracht. Die Fackelträger stellten sich rings um das Feuer auf und begannen auf ein Zeichen von Reinhold zu singen:

„Ein junges Volk steht auf, zum Sturm bereit!
Reißt die Fahnen höher, Kameraden!"

Nach und nach fielen die Dorfbewohner mit ein. Erst verhalten, dann immer kräftiger.

„Bravo!", rief Brüggemann am Ende und applaudierte. Seine in gelben Wollsocken und Sandalen steckenden Füße leuchteten im Schein des Feuers.

„Kameraden!", rief Reinhold. „Besinnen wir uns an diesem heutigen Tag auf die urdeutsche Weihnacht, frei von christlichen Einflüssen, so wie unsere Väter sie einst frei und stolz feiern durften."

Reinhold war etwas betrunken, sonst hätte er die entsetzten Blicke der Dorfbewohner bemerkt, denen es nicht gefiel, dass er ihr Weihnachtsfest abschaffen wollte.

Er redete noch eine Weile über den Zyklus der Natur, das Vergehen, das Wiedererwachen, bevor er am Ende sagte: „In guter alter Tradition haben unsere Vorfahren die Wintersonnenwendfeier auch zum Fest der Mutterschaft erhoben. In diesem Sinne." Er gab Konrad ein Zeichen, der ihm einen Becher Met reichte. „Auf die Mütter!", rief Reinhold.

„Auf die Mütter!", schallte es zurück.

Nach der Ansprache wurde Reinhold von seinen Freunden umringt, neben ihm Uta, die ihn stolz ansah. Die Gesichter der beiden waren vom Schein der Flammen golden gesprenkelt und sie wirkten wie ein Königspaar. Die Dorfbewohner standen etwas abseits, unschlüssig, was sie tun sollten, wie Bauern, die auf eine Audienz beim Herrscher warteten. Nach einer Weile löste sich das Bild auf und Gäste sowie Dorfbewohner tranken, lachten, tanzten und aßen. Das Ehepaar Henniges saß auf einer Bierbank, die Köpfe zärtlich gegeneinandergelehnt. Frau Gerber und ihr Mann tanzten versunken zu einem Schlager. Tante Jeske unterhielt sich mit einer Besucherin, die einen grauen Dutt trug und mit erhobenem Zeigefinger zu ihr sprach. Muck jagte ein paar Funken hinterher, die aus dem Feuer stoben. Die Zwillinge und ihre Kumpels rollten ein neues Fass Met heran. Ich stellte mich neben Ronald, der allein an der Wand des Platzhauses lehnte.

„Was für ein Mummenschanz", sagte er. Ich nickte.

Ich beschloss, nach Hause zu gehen. „Kommst du mit?", fragte ich Ronald. Da er keine Lust hatte, machte ich mich allein auf den Weg.

Gerade als ich die Haustür aufschließen wollte, riss mich jemand herum und schlug mir ohne Vorwarnung mit der flachen Hand zweimal ins Gesicht. In der Dunkelheit konnte ich meinen Angreifer nicht erkennen. Ich hob die Hände schützend vor den Kopf, da traf mich ein Schlag in die Leber und ich ging in die Knie. Eine Hand presste sich auf meine Nase und meinen Mund. Ich bekam keine Luft und fing an, um mich zu schlagen. Da löste sich der Griff. Ich roch Leder und begriff, dass der Angreifer Handschuhe trug. Ein Feuerzeug flammte vor meinem Gesicht auf.

Im flackernden Licht erkannte ich Wotan. „Das Strafgericht, dein persönlicher Vidar ist erschienen, um deine Schuld einzutreiben."

Ich konnte kaum sprechen vor Schmerz, und so kam nur ein leises Zischen aus mir hervor, als ich es probierte.

„Still, mein Kleiner", sagte Wotan fast sanft. „Es wird wehtun, aber es wird dich reinigen." Er kam mit der Feuerzeugflamme immer näher an mein Gesicht heran, und ich spürte, wie sich meine Haut unter der Hitze spannte. Ich versuchte, meinen Kopf wegzuziehen, aber Wotan hielt mich fest.

„Nicht", presste ich hervor.

Wotan lachte leise. Ich schob seine Hand weg, doch er war stärker als ich. Wieder kam er mit der Flamme meinem Gesicht näher. Ich versuchte, um Hilfe zu rufen, konnte aber nur krächzen. Es würde mich sowieso niemand hören.

In diesem Moment sagte jemand: „Lass ihn los, Wotan." Ich hatte mich noch nie so sehr darüber gefreut, Konrads Stimme zu hören.

„Nun mach schon", hörte ich jetzt auch Gunter sagen.

Wotan ließ trotzdem nicht locker. „Gönnt ihr mir meinen kleinen Spaß nicht?", fragte er.

„Schon", sagte Konrad, „aber jetzt ist er vorbei."

Da ließ Wotan mich los und ich konnte mich wieder bewegen. Gunter half mir auf die Beine. „Lass gut sein", sagte er zu Wotan, der mich angriffslustig anblitzte.

„Du hast Glück, dass du diese zwei famosen Wachhunde hast, die scheinbar ganz vergessen haben, wer ihr Herrchen ist."

„Das haben wir nicht vergessen", sagte Gunter. „Aber Benjamin ist unser Kamerad. Er gehört zu unserem Gau."

Wotan lachte. „Ein schöner Kamerad", sagte er. „Vergreift sich an anderer Kameraden Eigentum."

„Renée ist nicht dein Eigentum", ächzte ich, worauf Wotan dreckig lachend fragte: „Was spricht der Furz? Will er die nationale Ordnung auf den Kopf stellen? Ist er ein Emanzenfreund?" Dabei rieb er mir mit seiner Faust schmerzhaft über den Kopf. Ich schrie auf.

„Lass ihn", sagte Gunter zu Wotan.

„Und jetzt verpisst du dich besser in dein verschissenes Berlin, sonst trete ich dir in deinen fetten Arsch", knurrte Konrad.

Wotan sah ihn belustigt an, ließ aber von mir ab. „Ihr hattet mal Größe", sagte er enttäuscht. „Ihr hättet Kronprinzen werden können, wählt aber die Büttelrolle." Er zog die Handschuhe aus und schrie plötzlich: „Ihr verwässert die Bewegung, wenn ihr solchen Abschaum wie den da in unsere heiligen Hallen führt! Mit diesen rückgratlosen Kreaturen werden wir nie gewinnen." Gunter winkte ab. „Ich bete für euch", sagte Wotan ruhig und verschwand wie ein Dämon in die Dunkelheit, aus der er gekommen war.

Konrad klopfte mir auf die Schulter, meine Knie wackelten.

„Danke!", sagte ich.

Wir gingen zurück zum Feuer und Gunter goss mir ein großes Glas Met ein, das ich in einem Zug austrank. Die Flüssigkeit wärmte meinen Bauch und breitete sich dann durch die Adern im ganzen Körper aus. Konrad erzählte seinen Skinheadkumpels die Geschichte mit Wotan. Sie johlten und rissen Witze.

„Dass diesem Penner noch keiner eine aufs Maul gegeben hat, wundert mich schon lange", sagte Bomber. „Schade, dass ihr mich nicht gerufen habt, ich hätte ihm gern mal einen neuen Scheitel gezogen. Diesem Spinner mit seinem abgehobenen Gequatsche."

Mittlerweile hatten sich Gäste und Dorfbewohner vollständig vermischt. Der Alkohol hatte die Grenzen niedergerissen. Konrad schenkte mir noch ein Glas Met ein, das ich mit zitternden Fingern austrank. Eine Schnapsflasche machte die Runde und als die Reihe an mir war, schluckte ich die bittere Flüssigkeit schnell und unbarmherzig.

„Wir haben noch eine Aktion vor", flüsterte Konrad mir zu.

„Was denn für eine?", wollte ich wissen.

Er legte den Zeigefinger auf die Lippen. „Später", sagte er. „Eine Überraschung für Reinhold. Bist du dabei?"

Ich war ziemlich betrunken. „Klar", sagte ich und zeigte ihm ein dickes fettes Grinsen. „Wir sind doch Freunde ..."

Konrad umarmte mich, dann bekam ich von Thure die Flasche und nahm noch einen großen Schluck. Die Gesichter wurden unscharf, wie unter Wasser. Hoffentlich ertrank ich nicht, überlegte ich und musste lachen. Ich lachte wie verrückt und verschluckte mich, worauf ich husten und noch mehr lachen musste. Als ich mich beruhigt hatte, sah ich zu den Zwillingen. Sie hatten mich gerettet. Obwohl ich ihnen aus dem Weg gegangen war, hatten sie mich gerettet. Sie waren meine Freunde, wieso hatte ich das nicht früher gesehen?

Vor meinen Augen fing alles an, sich zu drehen, als Konrad mir einen Stoß gab. „Es geht los!", rief er voller Vorfreude. Zwei Skinheads schleppten eine schwere Kiste herbei, die sie neben uns auf den Boden stellten. Konrad ließ das Schloss aufschnappen und wühlte darin herum. Ich konnte nicht erkennen, was in der Kiste war. Jedes Mal, wenn ich versuchte, meinen Blick scharf zu stellen, verschwamm das Bild.

Plötzlich rief Konrad: „Wir werden die reinigende Kraft des Feuers nutzen, um die Welt in unserem Sinne umzugestalten." Dabei hielt er etwas in die Höhe. Ich konnte immer noch nicht erkennen, was es war.

„Das Lügenbuch der Anne Frank", hörte ich Konrad wie einen irren Prediger rufen. „Ich übergebe es dem Feuer." Mit flatternden Seiten flog das Buch in die Flammen und verschwand zwischen den rot glühenden Holzstämmen. Die Skins grölten begeistert.

„Jeder, der etwas Artfremdes bei sich hat, kann es jetzt dem Feuer übergeben", rief Konrad und holte ein weiteres Buch aus der Kiste. Jetzt machten seine Kumpels ebenfalls mit und warfen mit vollen Händen Bücher ins Feuer.

„Ich übergebe die Schriften des Schmierfinks und Verräters Günter Grass den reinigenden Flammen", rief Thure und hob den Arm zum Hitlergruß.

Gunter sah erschrocken aus. Er schien von der Aktion nichts gewusst zu haben.

Mittlerweile hatten sich auch die anderen in einigem Abstand um uns gescharrt, um zuzusehen. Die Gäste von Uta und Reinhold klatschten bei jedem Buch Beifall, das im Feuer landete. Manch einer grüßte mit dem ausgestreckten rechten Arm.

Die Dorfbewohner standen wie versteinert, als wäre ein Bann über sie gelegt worden. Keiner wusste, was er tun sollte. Auch ich nicht. Mitmachen wollte ich auf keinen Fall. Als Konrad mir ein Buch zuwarf und rief: „Ab ins Feuer!", schmiss ich es wieder in die Kiste und stellte mich zu den Zuschauern. Niemals würde ich ein Buch verbrennen. Bücher waren heilig.

„Hört auf damit!", hörten wir eine wütende Stimme rufen. Alle sahen zu Paul, der inmitten der Zuschauer stand und rief: „Ihr Verbrecher!" Er drohte den Skins ohnmächtig mit der Faust.

Onkel Rolf, der hinter ihm stand, versuchte ihn zu beruhigen, doch Paul war nicht zu stoppen. Er war ziemlich betrunken, vielleicht hatte er deswegen so viel Mut, vielleicht hatte er auch gehofft, dass die Menge sich auf seine Seite schlagen und ihm Schutz bieten würde, doch niemand griff ein, als die Skinheads Paul in Richtung Feuer zerrten.

„Du linke Sau!", schrie Bomber und tat, als wolle er Paul ins Feuer werfen. Die Skins lachten grölend. Paul zeterte, er rief ein paar Namen der Männer aus dem Dorf, aber niemand half ihm. Auch als Thure begann, mit einem in Asche getränkten Stock ein Hakenkreuz auf Pauls Stirn zu malen, regte sich kein Widerstand.

Ich sah mich nach Reinhold und Uta um, aber sie waren nirgendwo zu sehen. Hastig suchte ich die beiden in der Menge. Sie waren die Einzigen, die diesen Irrsinn stoppen konnten. Ich fragte ein paar Leute nach ihnen, doch niemand hatte sie gesehen. Paul schrie, als würde er lebendig gehäutet, während seine Peiniger betrunken lachten. Das Kreuz auf Pauls Stirn war bereits zu erkennen, nur die Querbalken fehlten noch.

Gerade als ich zum Gutshaus laufen wollte, stapfte Reinhold mit schnellen Schritten auf das Feuer zu, seine Lippen zu einer dünnen Linie aufeinandergepresst. Er riss dem überraschten Thure den Stock aus der Hand und schubste ihn weg. Dann drehte er sich zu Konrad um und schlug ihm mit dem Handrücken ins Gesicht. Auf Konrads Wange blühte sofort, wie eine Blume an einer Mauer, ein rotes Mal auf.

Die johlenden Skinheads waren verstummt und sahen den beiden überrascht zu.

„Wir haben das für dich getan", sagte Konrad mit weinerlicher Stimme zu Reinhold. Seine Unterlippe zitterte. „Nur für dich."

„Du Idiot, geh nach Hause", sagte Reinhold kalt, griff sich den geschockten Paul, zog ihn weg und ließ Konrad stehen. „Und schick diese Trottel nach Hause!", rief er Gunter noch zu.

Doch die brauchten keine Aufforderung. Betreten schlichen die Skins zu ihrem Van und fuhren ohne ein weiteres Wort davon.

Gunter hatte den Arm um seinen weinenden Bruder gelegt. Ich fühlte mich verpflichtet, etwas zu unternehmen, und ging zu den beiden hin.

„Das kann er doch nicht machen", schluchzte Konrad. „Das war doch für ihn. Er hat doch immer davon gesprochen, dass man diese Schundbücher verbrennen müsste."

„Ich glaube, er hat das mehr symbolisch gemeint", sagte Gunter.

Konrad blieb stehen. „Meinst du?", fragte er.

Gunter nickte. „Und zumindest nicht vor Publikum", sagte er.

„Dann müssen wir unsere Aktionen eben verstärken. Weißer Terror, Braune-Armee-Fraktion und so weiter!", rief Konrad.

„Lass uns gehen", schlug Gunter seinem Bruder vor, der sich widerspruchslos mitziehen ließ.

Dann stand ich allein, genau zwischen dem Feuer und den Dorfbewohnern, die mit dem Aufräumen begonnen hatten. Sie klappten Bänke und Tische ein, sammelten Flaschen und Becher vom Boden, hielten sich gegenseitig Mülltüten auf. Niemand sprach.

Utas und Reinholds Freunde waren längst gegangen, vermutlich ins Gutshaus, wo die meisten von ihnen schliefen. Das Dorf war unter sich.

Ich sah zum Feuer, das wie eine Fackel hoch über dem Platz loderte. Die Flammen waren bereits kleiner geworden, und es war abzusehen, dass sie bald keine Nahrung mehr haben und den Geist aufgeben würden.

Zwingt der kalte dunkle Winter
die Menschen zu lange in die warme Stube,
bekommen sie Mordgedanken _____

Durch die Bäume schimmerte in der Ferne ein Licht. War das ein Haus?, fragte ich mich und hielt darauf zu. Ich wusste nicht wohin, ich hatte in der Dunkelheit die Orientierung verloren. Außerdem war es kalt, bitterkalt. Ich konnte nicht klar denken, sondern war damit beschäftigt, mein Zittern unter Kontrolle zu halten. Vielleicht konnte mir das Licht den Weg weisen, dachte ich. Vielleicht konnten die Bewohner mir auch helfen; mich verstecken und die Polizei rufen.

Während ich auf das Licht zuging, hatte ich zwischenzeitlich das Gefühl, es würde sich bewegen. Aber das musste eine Täuschung sein, denn wer, außer meinen Verfolgern, bewegte sich durch den nächtlichen Wald? Und die mussten meine Spur schon lange verloren haben. Ich ging schneller, fing an zu laufen, aber das Licht kam nicht näher. Ganz im Gegenteil, es schien sich von mir zu entfernen. Möglicherweise war es ein Auto. Ein Auto mit nur einem Scheinwerfer? Was es auch war, ich brauchte Hilfe, sonst würde ich im Wald erfrieren.

Weihachten und Silvester vergingen ruhig und ohne Zwischenfälle. Schnee war gefallen. Von den Bewohnern des Gutshauses hörten wir in dieser Zeit nichts. Zwischen den Feiertagen war ich um ihr Haus herumgeschlichen, doch es brannte kein Licht und ihre Autos waren verschwunden.

Als ich eines Morgens aus dem Fenster sah, entdeckte ich Konrad und Gunter durch das Dorf laufen. Sie gingen von Haus zu Haus, klopften an jede Tür. Was soll das?, fragte ich mich.

„Die sehen aber ziemlich zerknirscht aus", sagte Onkel Rolf, der die beiden ebenfalls entdeckt hatte. „Ob das was mit der Wintersonnenwendfeier zu tun hat?"

Ich setzte mich wieder an den Küchentisch und verfolgte die Zwillinge mit den Augen. Gerade klingelten sie bei Paul, der aber nicht öffnete. Sie warteten eine Weile und zogen dann weiter. Noch zwei Häuser, dann würden die beiden vor unserer Tür stehen.

„Willst du nicht mal zu ihnen rausgehen?", fragte Onkel Rolf. „Die sind doch so was wie deine Freunde, oder?"

„Nicht so richtig", sagte ich.

„Bei euch geht das ja schnell", sagte er. „Ich glaube, das liegt am Internet. Da ist alles so husch, husch. Da trifft man sich mal mit dem einen, mal mit dem anderen. Da gibt's doch überhaupt keine Verbindlichkeiten. Früher war das anders. Da hatten Freundschaften noch Bestand. Und heute, wo jeder Internet hat, da geht man nicht mehr vor die Tür. Die Leute bestellen alles im Internet. Was haben wir früher getrickst, um einen Sack Zement zu kriegen."

Ich ließ Onkel Rolf reden und verschwand nach oben in mein Zimmer. Als es kurz klingelte, lauschte ich an der Tür und hörte Schritte auf der Treppe, die auf mein Zimmer zukamen. Als es klopfte, griff ich mir in ein Buch und tat, als würde ich lesen, bis Onkel Rolf im Zimmer stand und sagte: „Komm mal runter, die beiden wollen mit uns allen sprechen."

„Was wollen sie denn?", fragte ich und gähnte.

„Soll ich jetzt runterlaufen, sie fragen und dann wieder hochhetzen, um dir zu sagen, was sie wollen? Soll ich einen Herzinfarkt bekommen? Komm runter und frag sie selber."

Ich ging betont langsam runter, in der Hoffnung, dass die Zwillinge vielleicht nicht warten würden. Aber sie waren noch im Wohnzimmer, wo sie auf der Kante von Tante Jeskes guten Sesseln hockten und nervös mit den Beinen wackelten.

„Hallo", sagte ich. Die beiden sahen nicht gut aus; als hätten sie ein Stück des grauen Winterhimmels mit in die Stube gebracht.

„Wie geht es Uta und Reinhold?", fragte ich.

„Gut", sagten sie im Chor und erzählten, dass sie alle über Weihnachten und Silvester bei Freunden in Bremen gewesen seien. Ich fühlte mich unwohl mit ihnen allein, andererseits hatten sie mir gegen Wotan geholfen und irgendwie waren sie ja auch so was wie Freunde.

Es tat mir ein wenig leid, dass wir uns so wenig zu sagen hatten. Ich erzählte ihnen von unserem Weihnachtsfest und von Silvester und fragte, ob wir nicht mal wieder zusammen zum Militärgelände gehen wollten. Nicht weil ich Lust hatte, sondern weil ich mich verpflichtet fühlte.

„Können wir machen", sagte Gunter.

„Wo ist denn deine Tante?", fragte Konrad. „Und dein Cousin und deine Cousine?"

„Einkaufen", sagte ich. „Aber sie kommen gleich."

„Können wir so lange warten?", fragten sie.

„Wir können zu mir hochgehen, wenn ihr wollt." Doch sie wollten lieber im Wohnzimmer sitzen bleiben. Onkel

Rolf kam dazu und dann warteten wir, redeten ein paar Sätze, schwiegen, sahen aus dem Fenster, bis Onkel Rolf den Fernseher anmachte und wir eine Nachmittagsshow sahen. Eine Gerichtsverhandlung. Zwei Freunde hatten sich um ein Mädchen gestritten, weshalb der eine den anderen verprügelt hatte.

Gunter sah mich an und machte eine Grimasse. Ich wusste, dass er an Wotan und mich dachte. Mir ging es genauso. Die Zeit dehnte sich zäh wie Sirup, als wir endlich die Tür hörten. Tante Jeske kam herein. Die Kälte, die sie von draußen mitbrachte, verteilte sich wie ein feiner Schleier im Zimmer. Hinter ihr tauchten Veronika und Ronald auf. Ronald wollte auf dem Absatz kehrtmachen und in sein Zimmer flüchten, als er Gunter und Konrad sah, doch Onkel Rolf hielt ihn zurück. „Die beiden wollen uns etwas sagen."

Wir scharten uns um die Zwillinge und sahen sie erwartungsvoll an. Die beiden räusperten sich, dann begann Gunter: „Wir wollen uns entschuldigen für unsere Dummheit bei der Wintersonnenwendfeier."

„Wegen der Bücher und so", warf Konrad dazwischen.

„Das war eine blöde Aktion", sagte Gunter wieder. „Wir hatten zu viel getrunken."

Danach herrschte Schweigen und in die Stille sagte Tante Jeske: „Dann wollen wir das Ganze vergessen, es ist ja niemand zu Schaden gekommen."

Onkel Rolf murmelte etwas wie: „Isjanichsoschlimm", damit war die Sache beendet.

Die Zwillinge saßen unschlüssig herum, bis Tante Jeske sich erhob und mit den Worten verschwand: „Ich muss jetzt in die Küche." Veronika und Ronald nutzten den

Moment, um ebenfalls abzuhauen. Onkel Rolf wandte sich dem Fernseher zu und stellte den Ton wieder an.

Ich brachte die Zwillinge zur Tür. „Wollte Reinhold, dass ihr von Haus zu Haus geht?", fragte ich.

„Ja", sagte Gunter. „Er war total wütend. Hat uns angebrüllt, dass wir seine Arbeit hier vernichten würden."

„Das war echt Scheiße", sagte Konrad. „Reinhold will kluge Aktionen und nicht so einen billigen Aktionismus vor Zeugen."

„Hat er das gesagt?", fragte ich.

„Nicht direkt, aber durch die Blume schon", antwortete Konrad.

„Lass dich mal wieder sehen", sagte Gunter zum Abschied.

Ich versprach es und sah den beiden vom Fenster aus nach. Der Weg war gefroren und das Eis glitzerte im Vormittagslicht, sodass es aussah, als würden die Zwillinge auf einem Lichtstrahl laufen.

Am Abend bekam ich eine Nachricht von Aglaia. Ich hatte ihr zwischen den Feiertagen von der Bücherverbrennung geschrieben, doch sie hatte nicht geantwortet und ich hatte befürchtet, sie verschreckt zu haben. Umso mehr freute ich mich, als sie schrieb, dass sie mit ihrer Tante ein paar Tage verreist gewesen sei. Das mit den Büchern fand sie schlimm und fragte, ob jemand die Polizei gerufen habe. Ich schrieb ihr zurück, dass wir solche Probleme ohne Polizei regeln würden und außerdem hätten sich die Zwillinge ja entschuldigt. Es sei schließlich nichts passiert. Ich las meine Zeilen noch einmal durch und schickte sie ab, bevor ich ins Bett ging.

Kurz darauf erschien der erste Artikel über unser Dorf in der Lokalzeitung. Dazu gab es den folgenden Kommentar:

Nazis zündeln mit der Demokratie
von Georg Raabe

Es sollte eine friedliche Feier werden, doch es entwickelte sich zu einer Orgie des Hasses. Bei einer sogenannten Wintersonnenwendfeier nach germanischer Art verbrannten Rechtsradikale in dem Dorf Bütenow mehrere Bücher, darunter auch das „Tagebuch der Anne Frank". Ohne einzugreifen, sahen die Bütenower diesem Akt der Volksverhetzung zu. Mehrere Gäste zeigten dabei den Hitlergruß. Zuvor hatte bereits der rechtsradikale Sänger Oswald Morgenthau ein Konzert im Dorf gegeben.
In Bütenow ist die Demokratie gefährdet. Völkische Siedler, sogenannte Artamanen, haben das örtliche Gutshaus gekauft, um von dort ihre Hetze gegen Andersdenkende zu verbreiten. Sie tragen altmodische Kleidung, geben ihren Kindern nordische Namen und lehnen die Demokratie ab. Die Bütenower befinden sich in der Geiselhaft von Rechtsradikalen. Doch niemand unternimmt etwas. Stattdessen verbünden sich die Einheimischen mit den Nazis. Es scheint, als wäre die Diktatur der DDR den Bütenowern nicht genug gewesen. Jetzt probieren sie es mit den Nazis.

„Was für eine Frechheit!", schimpfte Tante Jeske. „Hast du das gesehen?" Sie wedelte mit der Zeitung vor Onkel Rolfs Gesicht herum. „Und hast du gesehen, wer das geschrieben hat?"

Onkel Rolf nickte und sagte seufzend: „Das war ja klar. Georg ist und bleibt ein Querulant."

„Das ist unerhört, uns da mit reinzuziehen. Was können wir dafür, wenn hier Radikale herkommen? Und außerdem ...", sie zerrte an der Zeitung rum, als wolle sie Georg auf diese Weise erwürgen, „... ich lasse mir von diesem Nestbeschmutzer nicht sagen, mit wem ich umzugehen habe. Die Weltsicht von Uta und Reinhold ist doch deren Sache. Ich habe die beiden kein einziges Mal über Politik reden hören und ..."

„Du hättest nur mal richtig zuhören müssen", unterbrach ich sie, worauf ich mir einen bösen Blick einfing.

„Ich finde auch, dass Georg übertreibt", warf Onkel Rolf ein.

„Und was dich angeht, mein lieber Benjamin", sagte Tante Jeske, wobei sie meinen Namen betonte. „Du hast ganz ruhig zu sein. Wer geht denn im Gutshaus ein und aus?"

Ich verkrümelte mich auf mein Zimmer. Ich hatte keine Lust, zur Zielscheibe von Tante Jeskes Wut zu werden.

Am Tag nach dem Artikel tauchten die ersten Reporter auf. Sie kurvten ziellos durch den Ort und sprachen jeden an, der nicht schnell genug wegkam. Kameraleute filmten Häuser mit heruntergelassenen Jalousien, zerfallene Ställe, kaputte Straßen, das Wegeschild von Reinhold. In den Abendnachrichten hießen wir das „Nazidorf". Sie zeigten auch das Gutshaus, einmal war Konrad zu sehen, der hinter einer Gardine stand und den Reportern den Stinkefinger zeigte.

Am Tag darauf erschien der nächste Kommentar von Georg:

Braune Erde
von Georg Raabe

Es scheint eine Strategie der Rechtsradikalen zu sein, sich in strukturschwachen Gebieten niederzulassen. Dort, wo es keine oder keine ausreichende Zivilgesellschaft mehr gibt. Die von Politik und Wirtschaft aufgegebenen Regionen bieten der braunen Horde ein Biotop der besonderen Art. Niemand stellt sich ihnen in den Weg. Die Rechtschaffenen sind weggezogen, übrig ist der Rest, der den Kopf einzieht und nur noch überleben will.
Für die braunen Bauern geradezu eine Einladung. Sie betreiben Lokalpolitik, kaufen Grund und Boden, lassen sich in den Vorstand der Freiwilligen Feuerwehr wählen, in die Elternbeiräte der Schulen, der Kindergärten, betreiben Bio-Landwirtschaft. Sie holen ihre Kameraden nach, bilden sogenannte „nationale Wohngemeinschaften" und schaffen sich Orte, die sie „befreite Zonen" nennen und wo sie den Sturz der Demokratie planen.
Wer gegen sie aufmuckt, wird bedroht, zusammengeschlagen, gemobbt.

So ging das über Tage. Georg berichtete, wie die Gutshausbewohner das Dorf übernommen und wie sie ihre rechtsradikalen Ideen unter der Bevölkerung verbreitet hatten. Er beschrieb die Volkstanzgruppe, die Vorträge über gesundes Essen und Landwirtschaft, Reinholds Pläne, Biobauer zu werden, und welche Gefahr diese scheinbar harmlosen Nazis für uns alle seien. Besonders Reinhold bekam sein Fett weg. Die Bütenower waren für Georg allesamt Feiglinge und Ignoranten.

Dafür hassten sie ihn. Wann immer ein paar Dörfler zusammenkamen, schimpften sie über Georg. Über den „Nestbeschmutzer", der ja gar nicht richtig dazugehöre, weil er mit seiner Familie erst 1953 zugezogen sei.

Man sah Georg nicht mehr im Ort. Zwar war er zu Hause, wie man unschwer an seinem Auto erkennen konnte und an den Anti-Nazi-Plakaten an der Wand seines Hauses, die er immer wieder aufhängte, sobald sie heruntergerissen wurden, doch er ließ sich nicht blicken. Dafür bombardierte er uns mit Zeitungsberichten.

„Das wird langsam widerlich", schimpfte Tante Jeske, wenn sie mal wieder etwas gelesen hatte, obwohl sie sich und uns geschworen hatte, „diesen Dreck" gar nicht mehr zu beachten. „Der ist doch nicht mehr zurechnungsfähig. Der gehört in die Anstalt."

Das fand auch Reinhold, der mich eines Tages ins Gutshaus einlud.

Er und Uta saßen mir auf dem Sofa gegenüber, die Zwillinge saßen neben mir und Hartmut auf einem Stuhl in der Ecke. Freya ließ sich nicht blicken, was mir nur recht war.

„Hör mal, Benjamin", sagte Reinhold und lehnte sich vor. „Du bist doch auch der Ansicht, dass das falsch ist, was Georg da schreibt."

Sicherlich übertrieb Georg, aber er hatte auch recht. Leider war ich zu feige, das zu sagen, und so sagte ich gar nichts.

Uta zischte ein paar Worte, die ich nicht verstand. Es klang, als wäre sie dabei, sich in eine Schlange zu verwandeln.

„Ich habe es im Guten versucht, aber dem Mann ist einfach nicht zu helfen", seufzte Reinhold, als wäre Georg ein bockiger Schüler.

„Wir müssen diesen Verrückten stoppen", zischte Uta. „Der macht alles kaputt." Sie war den Tränen nah. Außerdem war sie blass, was der Haarkranz noch unterstrich, der sich wie ein Rahmen um ihren Kopf wand.

„Solche Leute versprühen den blanken Hass, Benjamin", sagte Reinhold. „Die ziehen alles und jeden in den Dreck, weil sie keine Ehre haben. Und sie wollen, dass es den anderen genauso geht wie ihnen selbst."

„Mhm", machte ich. Ich hatte nie den Eindruck gehabt, dass es Georg so schlecht ging, dass er alle mit runterziehen wollte.

„Wir brauchen etwas gegen ihn in der Hand, um ihn zu bekämpfen", sagte Reinhold. „Keine Angst, wir wollen ihm nichts tun, wir wollen uns mit denselben Waffen wehren wie er", fügte er hinzu, als er mein erschrockenes Gesicht sah. „Vielleicht gibt es ja ein paar Punkte in seiner Vergangenheit, die nicht so ganz sauber sind. Fällt dir was ein?"

Ich fühlte mich unwohl dabei, Georg reinzureiten, aber er machte es den Leuten in Bütenow wirklich nicht leicht. Ein, zwei Artikel hätten doch gereicht, aber Georg war auf einem Kreuzzug und dabei stieß er jeden vor den Kopf.

„Seine Frau ist vor ein paar Jahren gestorben", sagte ich. „Seitdem ist er ein bisschen komisch."

„Und hasst die ganze Welt!", rief Konrad dazwischen.

„Hat er Kinder?", fragte Reinhold.

„Nee", sagte ich.

„Und sonst?", wollte Reinhold wissen. „Drogen? Dreck am Stecken?"

Ich sagte, ich wisse von nichts.

Reinhold war enttäuscht. „Was war denn während eurer Fahrt nach Polen?", fragte er. „War da etwas Ungewöhnliches?"

Ich dachte eine Weile nach, aber mir fiel nichts ein.

„Was ist mit Frauen?", fragte Uta.

Von Frauen wisse ich nichts, sagte ich.

„Ist der etwa schwul?", fragte sie angeekelt.

„Glaube ich nicht", war meine Antwort.

Reinhold hatte sich inzwischen an der Polenfahrt festgebissen. „Wo habt ihr denn da gewohnt?"

Als ich ihm erzählte, dass wir in einem Hotel in einem Doppelzimmer gewohnt hätten, wurde er hellhörig. „Ihr habt in einem Zimmer geschlafen?"

Ich nickte.

„War das nicht komisch?", hakte Reinhold nach.

„Na ja, ein bisschen", gab ich zu und erzählte die Geschichte, als ich nackt im Bad war und Georg hereingeplatzt kam. Ich dachte mir nichts dabei, doch Reinholds Augen begannen zu leuchten.

„Glaubst du, das war ein Zufall?", fragte er.

„Bestimmt", sagte ich.

„Was ist denn noch passiert?", wollte er wissen. Ich musste ihm jedes Detail erzählen, wobei ich einiges auslieẞ, zum Beispiel Aglaia. Dummerweise erzählte ich Reinhold, dass ich am Morgen nach der Ausstellung verkatert und in Unterhosen in meinem Bett aufgewacht war.

„Dieser Kerl hat dich also ausgezogen!", rief Uta triumphierend.

Ich dachte mir noch immer nichts dabei. „Wahrscheinlich, sonst hätte ich ja mit Hose schlafen müssen."

Uta und Reinhold sahen sich an. „Wirst du da nicht stutzig?", fragte Uta. „Erst kommt er dir ins Bad hinterher, als du nackt bist, und dann zieht er dir nachts auch noch die Hose aus."

„Hat dir der Arsch wehgetan?", kicherte Konrad, worauf Reinhold ihm einen bösen Blick zuwarf.

„Das ist ja nichts Ungewöhnliches, dass einsame alte Männer sich an Kinder ranmachen", sagte Uta zu Reinhold, der zu jedem einzelnen Wort nickte wie ein Wackeldackel.

Jetzt erst dämmerte mir, worauf die beiden hinauswollten. „Georg hatte keine Hintergedanken!", rief ich verzweifelt.

„Du kannst nichts dafür, Benjamin", sagte Uta mit sanfter Stimme. „Männer wie Georg nutzen bestimmte Situationen aus. Die haben ein Gespür dafür, wenn ein Kind unglücklich ist."

„Ich bin nicht unglücklich!", wehrte ich mich.

„Du hast deine Eltern verloren, welches Kind wäre da nicht unglücklich!", rief Uta mit aufgerissenen Augen und ausgebreiteten Armen, als würde sie auf einer Bühne stehen.

Ich musste raus, ich brauchte frische Luft. Ohne ein weiteres Wort sprang ich auf und lief aus dem Haus. Ich spazierte eine Weile durch die Gegend, bis mir kalt genug war und der scharfe Wind meine Gedanken vertrieben hatte.

Tante Jeske erwartete mich bereits an der Haustür. Als sie mich umarmte, wurde ich hellhörig. Das tat sie sonst nie. „Ich habe mir solche Sorgen gemacht", nuschelte sie an meine Schulter gelehnt. „Ich habe schon gedacht, dass du dir was antust."

Ich löste mich aus ihrer Umarmung. „Warum sollte ich das denn tun?", fragte ich erstaunt.

„Du weißt schon", sagte sie, wobei sie es nicht wagte, mir ins Gesicht zu sehen.

„Hat Reinhold angerufen?", fragte ich.

„Du armer Junge", sagte Tante Jeske statt einer Antwort.

„Es ist gar nichts passiert!", schrie ich.

Tante Jeske druckste ein wenig herum, dann endlich spuckte sie die Worte aus, die ihr die ganze Zeit auf der Zunge gelegen haben mussten: „Hat er dich angefasst, Benny?"

„Ich heiße Ben!", schrie ich, stieß sie weg und stürmte nach oben in mein Zimmer.

In den nächsten Tagen brach ein Unwetter über mich herein. Tante Jeske wollte Georg anzeigen, worauf die Polizisten sagten, sie bräuchten Beweise, etwa ein Attest oder ein Geständnis. Sie versuchte, mich zu einem Arztbesuch zu überreden, sie versuchte, lange Gespräche mit mir zu führen, in denen sie mich zu einer Aussage bei der Polizei überreden wollte. Dann erschien ein Leserbrief in derselben Zeitung, in der Georgs Kommentare gestanden hatten. Der Verfasser war ein alter Bekannter.

Schwerer Missbrauch in Bütenow?
Ich bin empört, dass Ihre Zeitung einen vermeintlichen Kinderschänder zu Wort kommen lässt. Der ortsansässige Künst-

ler Georg R., der sich mit unsäglichen Beiträgen zu angeblichen Nazis in Bütenow lächerlich macht, will doch nur von sich selbst ablenken. Er steht im Verdacht, einen 15-jährigen Jungen missbraucht zu haben. Es soll zwischen den beiden während einer Fahrt nach Polen zu sexuellen Handlungen gekommen sein. Georg R. soll sich das Vertrauen des elternlosen Kindes erschlichen und es mit Alkohol gefügig gemacht haben.

Wie gesagt, es ist bislang nur ein Verdacht, aber man muss doch mal fragen dürfen: Will Georg R. mit seiner Hetze gegen unbescholtene Bürger von seinem eigenen Verbrechen ablenken? Und wer weiß, wie tief dieser Abgrund noch ist?
Hans-Joachim Brüggemann

Tante Jeske und Onkel Rolf baten mich ins Wohnzimmer, legten mir den Artikel vor und sagten, ich solle endlich die Wahrheit sagen, was in Polen geschehen sei. Ich schrie, ich weinte, ich beschimpfte sie, doch sie glaubten mir kein Wort.

„Der Brüggemann ist ein Idiot", sagte ich.

„Der ist Lehrer, der hat studiert!", schrie Tante Jeske mit hochrotem Gesicht.

„Der war aber nicht dabei!", schrie ich zurück. „Der weiß überhaupt nichts!"

Dummerweise war meine Erinnerung an die Tage in Polen wie mit einem Schwamm verwischt. Ein Teil von mir wusste, dass Georg mich nicht angefasst hatte, während der andere Teil zu Zweifeln begann und sich Erinnerungen an die Polenfahrt ins Gedächtnis rief, um sie genau zu untersuchen: Wie war das, als Georg mich im Badezimmer überraschte? Er hätte damit rechnen können, dass ich da drin war. Was war mit Georgs verschämtem Lachen, als ich ihn am Morgen fragte, wer mich ausgezogen hatte? Und hatte Georg einen bekannten Schauspieler, den wir im Fernsehen gesehen hatten, nicht mal einen „hübschen Jungen" genannt? Ich war verwirrt.

Wieder tauchten die Reporter auf, doch diesmal lungerten sie vor unserem Haus herum. Tante Jeske erlaubte es mir, ein paar Tage zu Hause zu bleiben, worüber ich froh war, allein schon, um Brüggemann nicht begegnen zu müssen. Wir bekamen einen Brief von der Staatsanwaltschaft, in dem sie uns mitteilten, dass sie Ermittlungen gegen einen Georg Raabe wegen des Verdachts auf Kindesmissbrauch aufgenommen hätten.

Eines Abends rief Georg an. Zufälligerweise war ich am Apparat. Er war aufgeregt, und seine Sätze klangen verwaschen und undeutlich. „Ben", flehte er. „Du musst öffentlich sagen, dass das alles nicht stimmt."

„Das habe ich doch", sagte ich. „Was soll ich denn noch tun?"

„Ben ...", hörte ich noch einmal Georgs verzweifelte Stimme, bevor ich auflegte. Ich schämte mich, das war zu peinlich.

„Er hat dich angerufen?", fragte Tante Jeske entsetzt, die heimlich mitgehört hatte. Ihre Hände zitterten. „Er wollte tatsächlich, dass du für ihn aussagst?"

Onkel Rolf kam dazu und sah mich nur stumm an. Hätte ich bloß nichts erzählt, schoss es mir durch den Kopf.

Am nächsten Abend fand eine Krisensitzung in unserem Haus statt. Fast das halbe Dorf war gekommen, darunter auch Uta und Reinhold. Ich blieb in meinem Zimmer, lauschte nur hin und wieder an der Treppe, wo ich Veronika begegnete, die ebenfalls dort stand.

„Wenn die Polizei nichts unternimmt, müssen wir das eben selbst tun", hörten wir Reinholds Stimme.

„Richtig!", rief eine andere, die ich nicht erkannte.

Veronika und ich sahen uns an. Sie wies stumm in Richtung ihres Zimmers. Ich folgte ihr und setzte mich auf ihren Schreibtischstuhl. „Ich glaube das nicht", sagte Veronika wie zu sich selbst und sah mich an.

„Ich weiß auch nicht", sagte ich. „Irgendwie hat sich das verselbstständigt."

„Zumindest hat Reinhold erreicht, dass Georg keine Artikel mehr über ihn schreiben darf", sagte Veronika.

Kurz darauf hörten wir von unten Getrappel und Stühlerücken und sahen aus dem Fenster. Angeführt von Uta und Reinhold zog die Gruppe, darunter auch Tante Jeske, in Richtung Georgs Haus, wobei die Reporter ihnen folgten wie ein Rudel hungriger Wölfe.

Im Flur trafen wir Onkel Rolf, der nicht mitgegangen war. „Sie wollen eine Mahnwache vor Georgs Haus abhalten", sagte er traurig. „Was ist bloß aus Bütenow geworden?"

Veronika und ich eilten hinter den anderen her und hörten sie schon von Weitem: „Kinderschänder raus!" Als sie in Sichtweite kamen, sahen wir sie vor Georgs Haus im Halbkreis stehen wie eine Gruppe Sternsinger. Georg lehnte aus dem oberen Fenster und rief gerade etwas, das wir nicht verstanden. Wir gingen näher heran, wobei wir uns hinter Bäumen verbargen. Jetzt entdeckten wir auch das Plakat, das auf einem Pfahl vor Georgs Haus schief in der Erde stand. *Vorsicht Kinderschänder* war darauf zu lesen.

„Stimmt es etwa nicht, dass Sie mit ihm in einem Zimmer geschlafen haben?", hörten wir Reinhold gerade Georg fragen. Als dieser nicht antwortete, sagte Reinhold: „Haben Sie keinen Anstand, mit einem fremden Kind in einem Zimmer zu übernachten? Sich vor dem Jungen nackt zu zeigen? Sie altes Schwein! Solche Leute wie Sie muss man aus dem Verkehr ziehen."

Georg drohte Reinhold mit der Faust. Sofort blitzten die Fotoapparate der Reporter wie ein Gewitter los. „Verschwindet!", rief er. „Verdammte Nazis! Ihr wollt doch nur von euch ablenken."

„Gib es zu und stell dich der Polizei, du Feigling!", schrie Tante Jeske zu ihm hoch, worauf Georg das Fenster schloss und verschwand.

„Tod den Kinderschändern!", brüllte Reinhold, und alle fielen nach und nach in die Parole ein.

Veronika und ich schlichen beschämt nach Hause.

Tante Jeske redete kein Wort mehr mit mir, solange ich nicht „endlich die Wahrheit" sagen würde. Jeden Abend demonstrierte sie mit den anderen vor Georgs Haus, gefilmt und fotografiert von den Reportern, die von Tag zu Tag weniger wurden. „Wann verhaftet die Polizei ihn denn endlich?", fragte sie, während sie ihren Mantel anzog, um zur Mahnwache zu eilen.

„Aber er ist doch unschuldig", wiederholte ich zum ungefähr tausendsten Mal. Doch sie glaubte mir nicht. Mittlerweile zogen sogar Neonazis aus Anklam vor Georgs Haus auf. Der Spuk nahm kein Ende.

Endlich kam eine Nachricht von Aglaia. Sie machte mir keine Vorwürfe, es gab keine Ermahnungen, wofür ich ihr dankbar war. Sie fragte einfach nur, was ich unternehmen würde, um Georg zu helfen. In diesem Moment wurde mir klar, dass es nicht reichte, einfach alle Vorwürfe von mir zu weisen. Ich durfte Georg nicht allein lassen. Ich hatte mich lange genug herausgehalten.

Zuerst setzte ich mich mit Tante Jeske und Onkel Rolf zusammen und versicherte ihnen, dass die Vorwürfe gegen Georg nicht stimmten. Dass Reinhold diesen Verdacht erfunden hatte, um Georg zu vertreiben. Erst glaubten sie mir natürlich nicht, aber ich wiederholte es wieder und wieder, bis Tante Jeske mir versprach, zumindest nicht mehr an den Mahnwachen teilzunehmen. Ich erzählte ihnen auch, dass Reinhold und Uta längst nicht so harmlos seien, wie sie taten, sondern stramme Nazis, worauf sie sich ungläubig ansahen.

„Ist das dein Ernst?", fragte Onkel Rolf.

Und weil ich so in Fahrt war, berichtete ich auch gleich von den beiden Polen, von der Scheinhinrichtung.

„Das glaube ich nicht!", rief Onkel Rolf empört. „Das wäre ja kriminell."

Ich war mir nicht sicher, ob sie mir alles abnahmen, aber zumindest ließ ich sie nachdenklich zurück. Als Nächstes ging ich zu Reinhold und Uta und beschwor sie, ihre Angriffe auf Georg zu lassen. Und ich sagte ihnen, dass es keinen Missbrauch gegeben habe, dass alles harmlos gewesen sei und Georg sich niemals an mir oder einem anderen Jugendlichen vergreifen würde. Und dass ich das auch bei der Staatsanwaltschaft aussagen würde.

„Hat dieser Kerl etwas gegen dich in der Hand, setzt er dich unter Druck?", fragte Uta besorgt.

„Quatsch!", sagte ich. „Es stimmt nur einfach nicht. Ihr habt die Wahrheit verdreht."

„So, so", sagte Reinhold gedehnt. „Bringst du da nicht etwas durcheinander? Schließlich bist du zu uns gekommen und hast uns erzählt, was in Polen passiert ist. Und dann bist du Hals über Kopf aus dem Haus gestürmt. Das macht man doch nicht, wenn alles harmlos war. Überleg dir mal, was du willst! Außerdem habe ich Georg nichts unterstellt, ich habe nur festgestellt." Wie so oft, verdrehte mir Reinhold die Worte im Munde.

„Aber wieso dann der Zeitungsartikel?", fragte ich. „Der von Brüggemann."

„Damit habe ich nichts zu tun", sagte Reinhold und kam auf mich zu. Ich wich zurück, bis ich gegen den Schrank stieß. Reinhold stellte sich direkt vor mich, sodass ich seinen Atem riechen konnte. „Außerdem will ich dir mal was sagen, mein Junge: In einem Rudel muss jeder seinen Platz kennen. Wir hier", er zeigte auf Uta, „haben dir eine Heimstatt geboten. Wir haben dir unsere Hände gereicht – und was machst du? Du fällst uns in den Rücken, du verrätst uns."

„Das tue ich nicht", protestierte ich.

Reinhold trat einen Schritt zurück und sah mich prüfend an. „Ich wollte dich in unseren Zirkel aufnehmen. Ich hatte gedacht, nein: gehofft, du wärst etwas Besonderes. Nicht so verdorben, so dekadent, ich dachte, du würdest unsere Ziele verstehen. Aber ich habe mich wohl getäuscht. Du bist nur ein dummer Junge." Er wandte sich ab und verließ den Raum.

„Du hast ihn enttäuscht", sagte Uta. „Und mich auch. Von Freya gar nicht zu reden." Ich bekam tatsächlich ein schlechtes Gewissen. „Du solltest mal ernsthaft darüber nachdenken, was für Konsequenzen dieser Verrat für dich haben könnte." Mit diesen Worten wies sie mir die Tür. „Es kommen bald andere Zeiten in Deutschland, und dann solltest du wissen, auf wessen Seite du stehst!", rief sie noch hinter mir her.

Der Schnee hatte das Dorf überschwemmt, nur die Dächer erhoben sich wie tote Fische, die auf dem Rücken schwammen, aus der weißen Flut. Manche gaben noch ein Lebenszeichen von sich; Rauch stieg aus ihren Schornsteinen als dunkle Säule auf.

Die Bewohner igelten sich ein. Wer konnte, blieb drinnen und sah nur hin und wieder aus dem Fenster, um die Schneemassen kopfschüttelnd zu betrachten. Die Aufmärsche vor Georgs Haus hatten aufgehört; es war einfach zu ungemütlich geworden. Die Staatsanwaltschaft hatte ihre Untersuchungen gegen Georg eingestellt, nachdem ich ausgesagt hatte, dass alle Vorwürfe gegen ihn nicht stimmten. Brüggemann strafte mich dafür mit Nichtbeachtung. Meldete ich mich im Unterricht, sah er über mich hinweg. Er und Reinhold hatten einen Verein zur Heimatpflege gegründet, wie Konrad mir verriet.

Ich hielt Kontakt zu Aglaia, die mich immer wieder fragte, wann ich zu Georg gehen werde. Ich schrieb ihr, dass ich das bald tun würde, schob es aber immer wieder auf. Natürlich wusste ich auch, warum: Ich schämte mich. Ich konnte doch nicht einfach zu Georg gehen und mich entschuldigen. Das wäre zu wenig gewesen. Und so zogen die Tage dahin, ohne dass ich mich in die Nähe von seinem Haus wagte.

Mit den Gutshausbewohnern wollte ich nichts mehr zu tun haben, hatte ich beschlossen. Natürlich lief man sich in so einem kleinen Dorf wie dem unseren automatisch über den Weg, aber ich wollte keinen Kontakt mehr zu ihnen. Traf ich die Zwillinge mal an der Bushaltestelle, grüßten wir uns zwar, aber redeten kaum. Reinhold tat nicht einmal mehr das. Er fuhr an mir vorbei, ohne mich zu beachten. Das war mir nur recht.

Freya hatte mir einen Brief geschrieben. Einen Brief! Nicht nur die Aktion war altmodisch, auch das Papier. Es war vergilbt und mit feinen Lilien bedruckt, die ich unter meinen Fingern fühlte. Freyas Handschrift bestand aus geschwungenen Buchstaben, die eng aneinandergereiht standen und aussahen wie Schwäne, die kurz davor waren, in die Luft zu fliegen. Es gab keine Anrede.

Du bist das Letzte. Wenn ich gewusst hätte, dass du pervers bist, hätte ich dich nicht geliebt. Du hast mich enttäuscht und mir etwas vorgemacht. Hast du an einen Jungen gedacht, wenn du mich geküsst hast? Ich hätte dich heilen können. Du widerliches Schwein. Damals hat man so was wie dich ins Lager gesteckt. Und da gehörst du auch hin. Ich hoffe, dass dein Leben richtig scheiße wird. Du hast es nicht anders verdient. Du hast ein anständiges deutsches Mädel verraten. Und du hast dein Volk verraten. Du bist nicht besser als die Verbrecher in Berlin, die Deutschland in den Untergang führen, und die ganzen Ausländer. Du bist sogar noch schlimmer, weil du ein Deutscher bist und die nationale Sache verraten hast. Ich spucke auf dich.

Ich knüllte den Brief zusammen, warf ihn in den Papierkorb und beschloss, mich nicht darüber zu ärgern, tat es aber trotzdem. Für eine Weile überlegte ich, Freya zurückzuschreiben, aber was hätte das genutzt? Sie sah die Welt, wie sie sie sehen wollte.

Von Aglaia hatte ich inzwischen gelernt, dass jeder seine eigene Sichtweise auf das Leben hatte. Und manchmal traf man Menschen, die genau dieselbe hatten. Aber es gab eben auch genug, die alles anders sahen.

Ich las viel in diesen Tagen und wartete wie alle anderen im Dorf darauf, dass der Schnee verschwinden würde.

Eines Abends beschloss ich, Georg zu besuchen. Ich hatte es lange genug vor mir hergeschoben und ich wollte Aglaia schreiben, dass ich mich endlich entschuldigt hätte. Als ich auf Georgs Haus zuging, hinterließ ich eine tiefe Furche im Schnee. Der Weg vom Gartentor bis zur Tür war ordentlich geräumt, im Wohnzimmer brannte Licht. Ich wartete ein paar Sekunden, unschlüssig, ob ich wirklich klingeln sollte. Gerade als ich den Finger ausstreckte, öffnete Georg die Tür. Meine Zähne klapperten vor Kälte.

„Willst du reinkommen?", fragte Georg.

„Ja", sagte ich mit kratziger Stimme, als ob sich winzige Eiszapfen auf meinen Stimmbändern gebildet hätten.

Ich setzte mich ins Wohnzimmer, während Georg in der Küche verschwand, um Tee zu machen. Ich sah mich um. Wie oft hatte ich in diesem Zimmer gesessen? Wie oft hatte ich mir Bücher aus Georgs Bibliothek geliehen? Ich sah an den Wänden hoch, die mit Buchrücken bedeckt waren.

Georg stieß mit einem klappernden Tablett, das er vor sich herbalancierte, die angelehnte Tür auf und setzte es vorsichtig auf dem Couchtisch ab, wo sich Papiere, Bücher, Stifte, Pinsel, Münzen und schmutzige Tassen zu einem Durcheinander stapelten. Georg schenkte mir Tee ein, nahm sich auch eine Tasse und setzte sich mir gegenüber. Wir pusteten eine Weile schweigend in unsere heißen Tassen, bis Georg sagte: „Schön, dass du dich mal wieder blicken lässt."

„Ja, ich wollte schon lange mal kommen, aber irgendwie ist immer was dazwischengekommen." Georg nickte und trank schlürfend. „Woran arbeitest du gerade?", fragte ich. Georg lächelte, dann winkte er mir, ihm zu folgen, und führte mich in sein Atelier, das in einem Anbau seines Hauses untergebracht war. Unter einem Tuch war eine Skulptur verborgen, die Georg jetzt enthüllte. Köpfe, Arme, Beine, ganze Körper waren durcheinandergewirbelt, wie von einer großen Welle. Männer, Frauen und Kinder, dazwischen auch Pferde, Hunde, Katzen, Hühner – alles miteinander vermischt. Das totale Chaos.

„Das wilde Heer", sagte Georg, worauf ich ihn fragend ansah. „Eine alte christliche Sage. Das wilde Heer besteht aus Menschen, die gewaltsam gestorben sind. Wem das wilde Heer begegnet, der sollte sich im Haus einschließen und es nicht ansehen. Wer es trotzdem tut, den holt es sich und der muss im wilden Heer mitmarschieren." Er lächelte. „Die Ereignisse der letzten Wochen haben mich dazu inspiriert."

In diesem Moment hörten wir ein Kratzen an der Außenwand. Georg und ich sahen uns an. „Ratten", sagte ich achselzuckend.

„Irgend so was", sagte Georg und wendete sich wieder seiner Skulptur zu. „Also, das wilde Heer …", fuhr er fort, da hörten wir erneut das Kratzen, diesmal lauter. „Ich sehe mal nach", sagte er und verschwand auf dem Hof. Durch die angelehnte Tür drang ein kalter Luftzug. Gerade als ich sie schließen wollte, hörte ich Stimmen, dann ein Keuchen, dumpfe Schläge, unterdrücktes Fluchen. Die Tür wurde aufgerissen und Georg taumelte herein. Er presste seine Hände gegen seine Stirn, zwischen seinen Fingern quoll Blut hervor.

„Was ist denn?", fragte ich, da traten die Zwillinge ins Atelier. Konrad hatte sein Gewehr auf Georg gerichtet. Als sie mich sahen, blieben sie erstaunt stehen.

„Was machst du denn hier?", fragte Gunter.

Ich machte eine hilflose Geste mit den Armen. Konrad schubste Georg vor sich her.

„Seid ihr bescheuert?", schrie ich. „Was habt ihr vor?"

„Wir machen ein schönes Feuerwerk", sagte Konrad. „Wir haben genug Munition gesammelt, um das ganze beschissene Dorf in die Luft zu jagen. Und mit dem Haus von dieser asozialen Schwuchtel fangen wir an."

„Ihr seid doch verrückt", presste Georg hervor, wofür Konrad ihm einen Hieb in die Nieren versetzte.

„Hör zu", sagte Gunter zu mir. „Du kannst gehen, aber du hältst den Mund, verstanden?"

„Wir wollen nur ein bisschen aufräumen hier im Ort und in Deutschland", sagte Konrad.

„Es kommt niemand zu Schaden", fuhr Gunter fort. „Das ist nur eine kleine Lektion."

„Wir haben alte Granaten und Minen entdeckt und eine Bombe gebaut. Das gibt einen schönen lauten Knall", sagte Konrad mit irrem Lachen. „Das wird Reinhold gefallen. Diesmal kann er nicht meckern." Seine Augen waren glasig. Er war ziemlich betrunken.

In diesem Moment schubste Georg Gunter weg, der mit lautem Krachen in eine Ecke mit Gerümpel fiel. Bei dem Versuch, sich zu befreien, verhedderte er sich in alten Stahltauen und Metallrohren. Konrad stürzte sich mit einem krächzenden Schrei auf Georg und schlug mit dem Gewehrkolben auf dessen Kopf ein.

„Konrad, hör auf!", schrie ich, aber Konrad war nicht zu stoppen. Blind vor Wut hämmerte er auf Georg ein, der längst zusammengebrochen auf dem Boden lag, sein Kopf Konrads wütenden Hieben und Tritten ungeschützt ausgesetzt.

„Du Wichser!", schrie Konrad außer sich vor Wut. Als ich das Knacken hörte, wusste ich, dass Georgs Schädel gebrochen war. Doch Konrad wütete noch immer wie ein Verrückter.

„Konrad!", schrie jetzt auch Gunter, der sich mittlerweile befreit hatte und seinen tobenden Bruder wegzog. Konrad riss sich los und versetzte Georg noch zwei Tritte in den Bauch, doch der regte sich nicht mehr. Gunter kniete sich neben Georg und fühlte dessen Puls. Konrad lief wie halb verrücktes Tier hin und her.

„Er ist tot", sagte Gunter leise.

Für einen Moment herrschte absolute Stille. Man hätte eine Raupe an einem Blatt knabbern hören können. Geschockt sah ich die Zwillinge an.

„Mensch, der ist doch selber schuld …", zischte Konrad, verstummte aber, als er den Toten genauer betrachtete.

Mir war schlecht, und ich befürchtete, mich übergeben zu müssen. Blutspuren zogen sich in wilden Bahnen, wie Farbe, die ein tropfender Pinsel hinterlassen hatte, rings um Georgs Körper über den rissigen Betonboden. Georg hatte mir mal ein Foto von einem Bild gezeigt. Der Maler hieß Pollack oder so ähnlich und malte genau solche Klecksbilder. Georg sah aus wie ein Bild von diesem Typen. Irgendwie war das ein gewisser Trost in diesem Moment, weil ich wusste, Georg hätte das gemocht, so makaber es war.

„Los!", sagte Gunter zu seinem Bruder. Ich starrte die beiden an. „Hör zu", sagte Gunter zu mir. „Das haben wir nicht gewollt, aber jetzt ist es nicht mehr zu ändern. Wir werden unseren Plan ausführen und das Haus in die Luft jagen. Vorher werden wir es verwüsten, damit die Bullen denken, die Polacken wären hier gewesen." Er sah sich im Atelier um. „Es sieht schon wüst genug aus. Lass uns mal rüber ins Haus gehen."

„Wir müssen die Polizei rufen", sagte ich.

„Komm nicht auf dumme Gedanken", sagte Gunter. „Du hängst mit drin. Du hängst in allem mit drin. Falls du was verrätst, bist du dran. Dann erfahren die Bullen auch, dass du an der Aktion mit den beiden Polen beteiligt warst. Außerdem kriegen sie dich wegen Volksverhetzung dran."

„Was?", fragte ich und sah ihn ungläubig an.

„Du hast ein paar Flugblätter für uns geschrieben, du hast Kontakt zu bekennenden Rechtsradikalen wie Wotan, du hast an einer Demo der Autonomen Nationalen teilgenommen. Der Verfassungsschutz hat dich längst auf dem Kieker. Die haben eine Akte über dich." Er sah mich so selbstgewiss an, als müsste ich meinen Irrtum auf der Stelle einsehen.

„Ihr seid verrückt", sagte ich.

Konrad richtete das Gewehr langsam auf mich. „Pass auf, was du sagst." Sein Blick flackerte nervös, er war in einer anderen Welt. Er hatte einen Menschen getötet und damit eine Grenze überschritten, hinter die er nie wieder zurück konnte, wurde mir bewusst. Was sollte es Konrad also ausmachen, auch noch mich zu töten?

„Schon gut", sagte ich und fügte mich.

„Los, wir gehen rüber", befahl Gunter. Ich ging zwischen den Zwillingen, wobei sie mich nicht aus den Augen ließen. „Macht ein bisschen Unordnung und nehmt Geld mit oder irgendwas Wertvolles", sagte Gunter, als wir in der Diele standen. „Aber macht keinen Lärm und bleibt von den Fenstern weg."

Während Konrad in den ersten Stock stieg und Gunter sich die Küche vornahm, ging ich ins Wohnzimmer und setzte mich auf Georgs Sofa. Da hatte er oft gesessen und gelesen. Vor mir auf dem Couchtisch stand eine halb ausgetrunkene Tasse Tee. Vor einer halben Stunde hatte Georg noch davon getrunken und jetzt war er nicht mehr da und würde nie wieder hier sitzen. Als hätte er sich in Luft aufgelöst. Mir kamen die Tränen und die Trauer um Georg traf mich plötzlich wie etwas Schweres.

Das Fenster, schoss es mir durch den Kopf. Der Gedanke wurde immer präsenter und dringlicher. Dann machte es irgendwann klick. Natürlich, das Fenster. Ich brauchte nur rauszusteigen und abzuhauen. Ich lauschte in die Küche, wo ich Gunter leise herumkramen hörte. Von oben hörte ich Konrads Schritte in Georgs Schlafzimmer.

Ich öffnete möglichst behutsam das Fenster, hielt kurz inne, als es quietschte, und zog es endlich auf, als die Zwillinge nicht darauf reagierten. Ich quetschte mich durch einen Fensterflügel, sprang in den Hof und rannte zu den Tannen, die in der hinteren Ecke standen. Dahinter war ein morscher Zaun, den ich bei dem Versuch, ihn zu überklettern, niederriss. Dann stand ich auf freiem Feld und drehte mich noch einmal zum Haus um, bevor ich loslief.

Je kleiner das Dorf,
desto bissiger die Hunde

Ich lief und lief, stieß den Atem stoßweise aus, wie ein alter Mann. Das Licht kam näher und ich hielt darauf zu. Mittlerweile war ich mir sicher, dass es kein Haus war, auch kein Auto. Es schien eher eine Laterne zu sein. Aber warum hing eine einzelne Laterne in der dunklen Nacht?

Das Licht blendete mich. Ich ging weiter. Dahinter waren Schatten zu sehen, menschliche Silhouetten.

„Sie müssen mir helfen!", rief ich und erschrak über meine eigene Stimme. Sie klang fremd und hoch und kraftlos.

Links von mir hörte ich es rascheln, als ob etwas schnell und leichtfüßig über den Waldboden huschte. Dann bekam ich einen Schlag an die Schläfe und hatte plötzlich das Gefühl zu schweben, so als ob meine Füße ganz knapp über dem Boden liefen. Ich sah zur Seite, da war ein Schatten. Ich öffnete den Mund, um zu fragen, was los wäre, aber nur ein einsames Wort purzelte heraus: „Was?"

Ich hatte den Eindruck, es fast vor mir im Schnee liegen zu sehen. Dann umgab mich Schwärze.

Ich erwachte in einem dunklen Raum. Es dauerte ein paar Minuten, bis ich einigermaßen klar denken konnte. Durch das schräge Fenster drang etwas graues Licht und ließ ein paar Umrisse erkennen. Ich lag eindeutig auf einem Bett, auch wenn ich keine Decke hatte und die Matratze ziemlich durchgelegen war. War ich in einem Krankenhaus?, fragte ich mich. Doch dafür roch es zu muffig, zu erdig. Direkt vor dem Fenster, von einem grauen Lichtstrahl beschienen, stand ein Eimer. Ansonsten war das Zimmer kahl. Plötzlich dämmerte es mir: Ich war im Dachgeschoss des Gutshauses! Dort, wohin Freya und ich uns manchmal verzogen hatten, um allein zu sein. Als ich versuchte aufzustehen, bemerkte ich die Fesseln. Sie hatten meine Handgelenke mit Kabelbindern an das Bettgestell befestigt. Ich zerrte, leise, damit sie mich nicht hörten, ich verrenkte mir den Hals bei dem Versuch, an den Bindern zu nagen, reichte aber nicht heran.

Als ich Schritte hörte, schloss ich die Augen und tat, als sei ich noch bewusstlos. Jemand betrat den Raum, durch die geschlossenen Lider spürte ich einen Lichtstrahl über mein Gesicht wandern. Stimmen flüsterten miteinander, dann verschwanden sie wieder.

Ich öffnete die Augen und ließ meine Blicke in der Dunkelheit herumwandern. Mir war schwindelig, mein Kopf schmerzte und ich fragte mich warum, bis mir einfiel, dass mir jemand auf den Kopf geschlagen hatte. Ich versuchte zu schlafen, dämmerte auch tatsächlich ein bisschen weg, wachte aber immer wieder auf, weil ich im Traum Stimmen hörte, die mir den Tod wünschten. Irgendwann muss ich dann doch richtig eingeschlafen sein.

Als ich wieder aufwachte, war es Tag. Reinhold saß auf einem Stuhl neben meinem Bett und sah mich freundlich an. „Na, wie fühlst du dich?", fragte er.

Ich versuchte zu antworten, aber das gelang mir erst, nachdem Reinhold mir ein paar Schlucke Wasser gegeben hatte. „Du machst aber auch Sachen", sagte er und schüttelte den Kopf.

„Was macht ihr jetzt mit mir?", wollte ich wissen.

Reinhold sah mich eine ganze Weile an, ohne etwas zu sagen. Gerade als er antworten wollte, kam Hartmut herein. „Reinhold", sagte er. „Lass uns noch mal drüber sprechen."

Reinhold bekam einen harten Zug um den Mund und sagte zu Hartmut, ohne den Blick von mir abzuwenden: „Wir haben doch bereits alles besprochen. Es ist Zeit zu handeln. Das wissen wir doch beide. Geredet haben wir lange genug."

Hartmut sah mich traurig an, und ich wusste, dass von mir die Rede war. Er nickte mir kaum merklich zu und verschwand.

Reinhold beugte sich langsam über mich, wobei seine Hände nach mir griffen. Das war's, dachte ich, davon überzeugt, dass er mich erwürgen wollte. Ich schloss die Augen und flüsterte: „Bitte nicht!" Aber dann löste er nur meine Fesseln. Ich rieb mir die Handgelenke und sah ihn fragend an, worauf Reinhold in Richtung des Eimers nickte. „Ich warte so lange draußen", sagte er und verschwand, die Tür leicht angelehnt. Ich hörte ihn draußen atmen und leise hin und her gehen. Also pinkelte ich in den Eimer, wie er es offenbar erwartete.

Reinhold trat zurück in den Raum und band mich wieder fest.

„Was macht ihr jetzt mit mir?", fragte ich wieder.

„Nichts weiter", sagte Reinhold nur und verschwand endgültig. Ich hörte ihn die ausgetretene Treppe herunterpoltern.

Ich war nicht lange allein, als ich ein Scharren auf den Stufen hörte. Anschließend zog jemand die Tür auf, die leise quietschte. Ich reckte den Hals, versuchte mich, soweit es meine Fesseln zuließen, zur Tür zu drehen, um zu sehen, wer da war. Aus den Augenwinkeln konnte ich eine Gestalt erkennen, die im Türrahmen stand und mich beobachtete. „Reinhold?", fragte ich, bekam aber keine Antwort. „Gunter?", versuchte ich es. Doch niemand antwortete mir. Mein Herz schlug bis zum Hals. War jemand gekommen, um mich umzubringen?

„Du Schwein!", hörte ich plötzlich Freyas Stimme.

„Freya, du musst mir helfen", flehte ich.

Sie lachte bellend. „Ich soll dir helfen, du Verräter?", fragte sie boshaft.

„Ich glaube, sie wollen mich töten", sagte ich, worauf Freya einen Schritt auf das Bett zumachte, sodass ich sie sehen konnte.

Gerade wollte ich etwas sagen, da spuckte sie mir ins Gesicht. „Das hast du auch verdient", sagte sie mit einer Stimme, die vor Hass nur so vibrierte. „Willst du wissen, was sie vorhaben?", fragte sie. Ich blieb stumm. „Reinhold hat eine tolle Idee", begann Freya. „Es soll aussehen, als ob du Georg erschlagen und dich dann im Wald aufgehängt hast."

„Was?", fragte ich ungläubig. Freya kicherte. „Das ist doch irre!", rief ich. „Das können sie doch nicht machen." Ich weinte, ich flehte Freya an, sich für mich einzusetzen, doch sie blieb eiskalt und sagte, ich sei selber schuld. Dann ließ sie mich wieder allein.

Tränen liefen mir über das Gesicht. Freya hat gelogen, sagte ich mir immer wieder. Sie will sich nur an mir rächen und mir Angst machen. Reinhold würde mir nie etwas tun. Doch je mehr ich mir das einredete, umso mehr wusste ich, dass Freya die Wahrheit gesagt hatte. Sie mussten mich aus dem Weg räumen. Ich kannte all ihre Verbrechen, ich war ein lästiger Mitwisser. Und ich hatte sie enttäuscht. Vor allem Reinhold, der in mir eine Art Sohn gesehen hatte. Ich versuchte, an etwas anderes zu denken, aber das klappte nicht. Ständig lauschte ich auf Schritte auf der Treppe, wartete darauf, dass sie mich holen kamen. Mein einziger Halt war der Gedanke, dass Tante Jeske bestimmt schon die Polizei gerufen hatte, weil ich seit gestern Abend verschwunden war. Aber wenn sie Georg längst gefunden haben, schoss es mir durch den Kopf, dann müssen sie annehmen, dass ich ihn ermordet habe und abgehauen bin. Dann würden sie niemals im Gutshaus nach mir suchen. Meine Hoffnung wich der Verzweiflung. Ich weinte. Ich wollte noch nicht sterben.

Das Quietschen der Tür riss mich aus meinen Gedanken. Jemand kam herein. Ich drehte den Kopf, erkannte Hartmut aber erst, als er direkt neben meinem Bett stand. Jetzt holen sie mich, dachte ich verzweifelt und riss an meinen Fesseln.

„Leise!", zischte Hartmut und legte einen Finger auf seine Lippen. Er hatte ein Teppichmesser in der Hand, dessen Klinge er jetzt herausfahren ließ. Gleich würde er mir die Kehle durchschneiden. Hartmut beugte sich über mich. Er zerrte an meinen Fesseln herum, ich hörte das Geräusch von Metall, das in Plastik schneidet, und plötzlich war mein rechter Arm frei. Hartmut schnitt auch meine restlichen Fesseln durch und flüsterte: „Hau ab. Geh zu deiner Tante und ruf die Polizei. Und erzähl ihnen alles, was passiert ist."

Ich sah ihn fragend an.

„Ich habe genug. Ich will nicht, dass meine Söhne noch mehr Menschen ermorden", sagte Hartmut traurig. „Man muss sie stoppen und auch Reinhold. Sie sind seine Waffe geworden, mit der er gegen die Welt kämpft. Aber es sind meine Jungs", sagte er gepresst. „Los, geh jetzt."

Während Hartmut in der Dachkammer blieb, stieg ich leise die Treppe runter, lauschte auf jedem Absatz und kam, nach einer gefühlten Ewigkeit, unten an. Ich sah vorsichtig in den Flur. Er war leer. Nur aus der Küche waren Stimmen zu hören, die Tür war angelehnt. Ich schlich an der Küche vorbei, wo Reinhold gerade sagte: „Warum muss das so enden?"

Ich huschte weiter, erreichte unbemerkt die Haustür, verschwand aus dem Haus und ließ die ganze Geschichte hinter mir.

Veronika sah die Verhaftung der Gutshausbesitzer mit an. Sie erzählte mir am nächsten Tag davon. „Sie haben den einen von den Zwillingen mit mehreren Polizisten wegtragen, der hat so getobt."

„Das war Konrad", sagte ich.

„Die beiden haben ihren Vater nicht ein einziges Mal angeguckt", fuhr Veronika fort. „Der stand die ganze Zeit nur da und hat geweint. Ich hatte richtig Mitleid mit ihm."

Ich stellte mir Hartmut vor. Er hatte alles verloren, und gerade ihn hatte ich die ganze Zeit unterschätzt.

„Und Uta hättest du sehen müssen", unterbrach Veronika meine Gedanken. „Die hat sich wie eine Verrückte benommen. Hat die Polizisten beschimpft und um sich getreten. Und immer ‚Frei und national!' gebrüllt und dass sie alle auf ihrer Liste stehen und nach der Machtergreifung für ihre Verbrechen bezahlen würden."

„Und Reinhold?", wollte ich wissen.

„Der hat gar nichts gesagt. Hat sich einfach so abführen lassen. Hat sich nicht mal umgeguckt. Ins Polizeiauto und weg."

„Und Freya?"

„Die hat auch getobt. Genau wie ihre Mutter. Um die kümmert sich jetzt das Jugendamt. Im Haus haben sie auch Sprengstoff gefunden und Waffen", sagte Veronika. „Henniges meint, die werden nicht wieder auftauchen. Der war ja mal am Gericht. Die müssen sich wegen Mordes, wegen geplanten Mordes, wegen Waffenbesitzes, wegen Volksverhetzung, wegen Verfassungsfeindlichkeit und noch ein paar anderen Sachen verantworten."

Ich nickte und sah aus dem Fenster. Wieder schwirrten Reporter wie Schwärme wildgewordener Fische durch den Ort. Auch bei uns hatten sie Sturm geklingelt, nachdem bekannt geworden war, dass ich ein Teil der mörderischen Pläne der Gutshausbewohner gewesen war. Doch Tante Jeske jagte alle davon. Sie schirmte mich von allem ab, wofür ich ihr dankbar war. Bei den Gesprächen mit den Beamten war sie immer an meiner Seite und blaffte die Beamten an, wenn sie meinte, dass sie mich überforderten. Wir redeten viel miteinander und verstanden uns sehr viel besser. Manchmal zumindest. Jedenfalls gab es Tage, an denen ich mich nicht mehr wie das fünfte Rad am Wagen fühlte.

Im Dorf herrscht ein anderer Ton; die Leute besuchen sich wieder öfter und achten aufeinander. Das Erlebnis mit den Siedlern hat viele nachdenklich gemacht. Vor Kurzem wurde im Dorf ein Aktionsbündnis gegen Rechts gegründet. Onkel Rolf ist der zweite Vorsitzende.

Georgs Haus steht leer. Ein Gedenkstein davor erinnert an ihn.

Mittlerweile gehe ich auf eine andere Schule. Mit Brüggemann ging es einfach nicht mehr. Ich habe zwar gehört, dass das Schulamt ihm ans Leder will wegen des Leserbriefs, aber wer weiß, was daraus wird? Ich will den Kerl jedenfalls nicht mehr sehen.

Ich muss jetzt eine halbe Stunde länger fahren, aber dafür habe ich das Gefühl, ich kann alles hinter mir lassen und noch mal neu anfangen. Genau wie unser vom Schnee verschlucktes Dorf, das im Frühling wieder frei sein wird. Vielleicht gelingt es uns ja.